Es war einmal ein Hemd ...

VOM HERRENHEMD ZUR WOHNDEKO

100%COTTON
CHARLES
TYRWHITT

Juliet Bawden

Es war einmal ein Hemd...

VOM HERRENHEMD ZUR WOHNDEKO

Fotografie von Caroline Arber

OZ creativ

Dieses Buch ist Alice π gewidmet.

Erstveröffentlichung in Großbritannien 2011
bei Jacqui Small LLP
Ein Imprint von Aurum Books
7 Greenland Street
London
NW1 0ND

Titel der Originalausgabe: the shirt off his back

Verlag: Jacqui Small
Redaktionsleitung: Kerenza Swift
Redaktion: Sian Parkhouse
Layout: Maggie Town
Produktion: Peter Colley
Illustrationen: Kate Simunek

ISBN 978-3-8410-6180-5
Art.-Nr. OZ6180

Übersetzung: Angela Letmathe
Lektorat: Regina Sidabras
Redaktion: Angelika Klein
Umschlaggestaltung und Satz: GrafikwerkFreiburg

Printed in China

Inhalt

EINLEITUNG

Ich hatte schon immer eine Vorliebe für handwerkliche Arbeiten und für die Wiederverwertung von Textilien. In diesem Buch kommen beide Leidenschaften zu ihrem Recht.

Ich habe das Nähen von meiner Mutter gelernt, sie erlebte die mageren Jahre des Zweiten Weltkriegs als Teenager, die Zeit, als abgenutzte Bettlaken in der Mitte durchgeschnitten und an den Außenkanten wieder zusammengenäht wurden und Kragen und Manschetten an Oberhemden umgedreht wurden, um sie noch einmal aufzupeppen.

Als Teenager hatte auch ich nicht genug Geld, um mir schicke Sachen zum Ausgehen zu kaufen. So begann auch ich, Kleidungsstücke zu „recyceln". Schnell wurde ein neuer Kragen an ein Kleid genäht, damit es irgendwie anders aussah als zwei Wochen zuvor.

Die Idee zu diesem Buch wurde mit dem ersten Bankencrash und der beginnenden Wirtschaftskrise in Großbritannien geboren. Ich überlegte, dass die Banker nun ihre wunderbaren Hemden wohl nicht mehr brauchen würden. So begann ich, Hemden anderweitig sinnvoll zu nutzen.

Hemden gehören zu den Kleidungsstücken, die in Würde alt werden: Je häufiger sie gewaschen werden, desto weicher wird der Stoff. Eines der ersten Projekte, bei dem ich mir diese Geschmeidigkeit zunutze machte, war der Patchworkquilt (s. S. 20–23).

Es gibt unendlich viele verschiedene Hemden, die in Form, Farben, Größe und Stilrichtung so unterschiedlich sind, wie die Menschen, die sie tragen. Und um dieser Vielfalt gerecht zu werden, habe ich viele verschiedene Projekte umgesetzt, die meisten lassen sich einfach realisieren und erfordern keine besonderen schneiderischen Fähigkeiten

Einige der kleineren Arbeiten, wie z. B. die Babyschühchen, sind ein bisschen fummelig, aber trotzdem nicht schwierig (s. S. 44–47). Für manche Modelle, wie die Strandtasche (s. S. 78–81) und den Behälter mit Kordelzug (s. S. 124–27), muss das gewählte Hemd so groß wie nur möglich sein, für andere werden nur kleine Stoffreste benötigt, wie für die Lampe (s. S. 48–51), den Patchworkstuhl (s. S. 56–59) und die Fünfzigerjahre-Kissen (s. S. 82–85). Es empfiehlt sich also, grundsätzlich alle Stoffreste für späteren Gebrauch aufzubewahren.

Ich hatte wirklich sehr viel Spaß beim Entwerfen und Umsetzen der Projekte. Ich hoffe, Ihnen wird es genauso gehen. Sehen Sie es als erste Anregung für Ihre eigenen Kreationen.

DAS HEMD UND SEINE GESCHICHTE

Vor langer Zeit, als die Menschen anfingen, Kleidung zu tragen, waren die Männer die bunten Pfauen und die Frauen, zumindest in puncto Eleganz, die farblosen Hennen.

Das ist nicht weiter verwunderlich, denn historisch gesehen waren es die Männer, die für Wohlstand und Macht standen – und der beste Weg, dies auszudrücken, war die Kleidung! Sie zeigte als Statussymbol Stellung und Wohlstand des Trägers an. Zur Zeit der Römer, Griechen und Byzantiner war das Hemd, wie wir es heute kennen, eher eine *chemise*, also ein langes Unterhemd. Während der Spätgotik wurde die Chemise zwar kürzer, aber nach wie vor als Unterbekleidung getragen.

Im Mittelalter war das Hemd ein einfaches, ungefärbtes Kleidungsstück, das direkt auf der Haut getragen wurde. Nur Männer von niederer Herkunft (z. B. Bauern) trugen Hemden oder Kittel ohne ein weiteres Kleidungsstück darüber.

Im 16. Jahrhundert wurden Männerhemden häufig mit Stickereien, Rüschen oder Spitzenborte an Hals und Manschetten verziert, und dennoch wurde das Hemd noch bis ins 20. Jahrhundert nur als Bestandteil der männlichen Unterwäsche angesehen. Laut William L. Brown III., der sich in einem ganzen Buch Gedanken über das Männerhemd machte, galt sogar noch 1879 ein deutlich sichtbares Hemd ohne eine weitere Oberbekleidung darüber als „völlig unangemessen“.

Nach den formellen, zweckmäßigen und unspektakulären Hemden, die während der mageren Kriegsjahre der 1940er-Jahre und in den frühen 1950er-Jahren getragen wurden, brachten die überschwänglichen 1960er- und 1970er-Jahre eine unglaubliche Vielzahl an Stilrichtungen, Farben,

Mustern und Stoffen mit sich. Die auffälligen Muster der Hemden wurden noch betont durch geschwungene, nahezu weibliche, figurbetonte Schnitte mit übertrieben großen Kragen und stark aufgeblähten Puffärmeln, die zum Handgelenk hin immer weiter und dann in langen, die Hände bedeckenden Manschetten zusammengerafft wurden. Auch die verwendeten Materialien für die Konfektionshemden änderten sich: Seide, Satin und Samt. Dieses neue Erscheinungsbild des Hemdes wurde hauptsächlich von der Hippiebewegung und der Musikszene der damaligen Zeit inspiriert.

In den 1980er-Jahren kam es zu einem neuerlichen Wandel in der Hemdmode. Das Hemd, seine Farbe, das Material, verschafft dem Träger einen bestimmten Platz in der Gesellschaft. Wollte jemand in der nach Macht und Einfluss strebenden Gesellschaft der 1980er-Jahre vorankommen, war es äußerst wichtig, welche Art Hemd er trug.

Maßgeschneiderte Hemden waren und sind auch heute noch anhand des verwendeten Stoffes erkennbar: fest gewobenes, perfektes Popelinegewebe. Andere Qualitätsmerkmale sind die leicht konkave Wölbung der Kragenstäbchen (bei dünnen Hemden wölben sie sich konvex aufgrund der minderwertigen Versteifung) und darüber hinaus die feinen 9-mm-Steppnähte an den Kragenschenkeln. Das bevorzugte Hemd in den 1980er-Jahren war gerade geschnitten mit langem Rückenteil (um ggf. einen neuen Kragen und Manschetten fertigen lassen zu können).

Im 21. Jahrhundert, wo weltweite Kommunikation so einfach ist und es Unmengen von Internetseiten, Einkaufskanälen im Fernsehen und Ähnliches gibt, ist die Auswahl riesig. Die Kollektion und der Modetrend unserer Wahl sind heute eher ein Zeichen für unsere persönliche Stilrichtung als für die Gesellschaftsschicht, der wir angehören. Obwohl ja vielleicht die gegenwärtige globale Rezession und die Bürgerunruhen ein Hinweis darauf sind, dass sich das auch wieder ändert!

EIN HEMD – VIELE EINZELTEILE

Es ist erstaunlich, wenn ein Hemd aufgetrennt wird, aus wie vielen Einzelteilen es besteht und wie viel Stoff verarbeitet wurde. Einige Teile habe ich für verschiedene Projekte in diesem Buch verwendet, aber es lassen sich sicher noch viele andere Ideen verwirklichen.

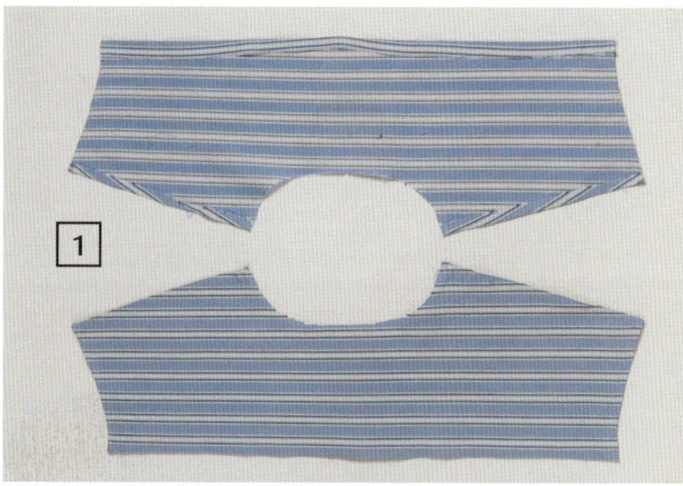

Aus einem umgedrehten Ärmel – die Manschette wird zum Kragen – lässt sich ein Hemd für den Teddybären machen (s. S. 24–25). Auch für den Klammerbeutel (s. S. 96–99) wurde ein Ärmel verwendet.

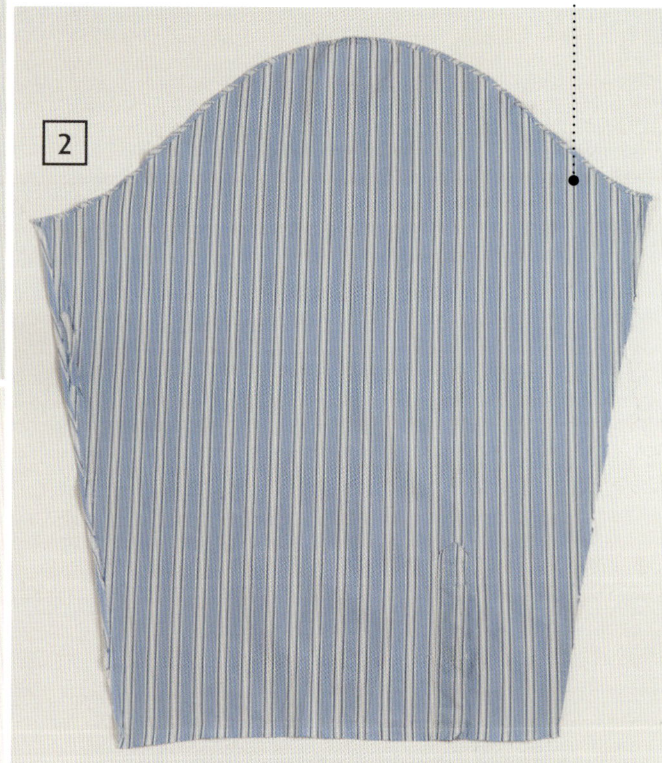

Manschetten mit Knopflöchern wurden in den Bezug für den Patchworkstuhl (s. S. 56–59) eingearbeitet. Auch als Flügel für eine Türstopper-Eule eignen sich Manschetten wunderbar (s. S. 92–95).

Das Rückenteil lässt sich für größere Projekte nutzen oder quer in lange Streifen zerschneiden, z. B. für Schrägstreifen. Der Behälter mit Kordelzug (s. S. 124–127) und der Ordnungshelfer für den Garten (s. S. 100–103) sind Projekte mit großem Stoffbedarf; große Hemden verwenden.

Taschen lassen sich abtrennen und an anderen Stellen wieder aufnähen, wie bei der Strandtasche (s. S. 78–81), oder man benutzt sie, um neue Taschen zu kreieren, z. B. den Ordnungshelfer für den Garten (s. S. 100–103) oder die Kräuterkissen (s. S. 60–63).

Für die Federn und Füße der Türstopper-Eule sind Kragenspitzen bestens geeignet (s. S. 92–95).

Knöpfe können etwas befestigen, als Verzierung dienen (s. Kräuterkissen, S. 60–63) oder als Augen für Stofftiere eingesetzt werden.

Mit drei Poloshirts lässt sich das Kopfteil eines Bettes bespannen (s. S. 132–135). Aus einem Oberhemd wird eine Schürze (s. S. 52–55), wenn Ärmel und Rückenteil entfernt werden.

Knopfleisten von Hemden mit ihren perfekt geraden Kanten lassen sich zum Aufpeppen von Handtüchern (s. S. 18–19) verwenden oder für einen Buchumschlag gegeneinandernähen (s. S. 30–33). Sie können als dekorative Abschlusskanten um eine Stehlampe gewickelt werden (s. S. 48-51) oder als Mast einer Segelbootapplikation dienen (s. S. 114–117).

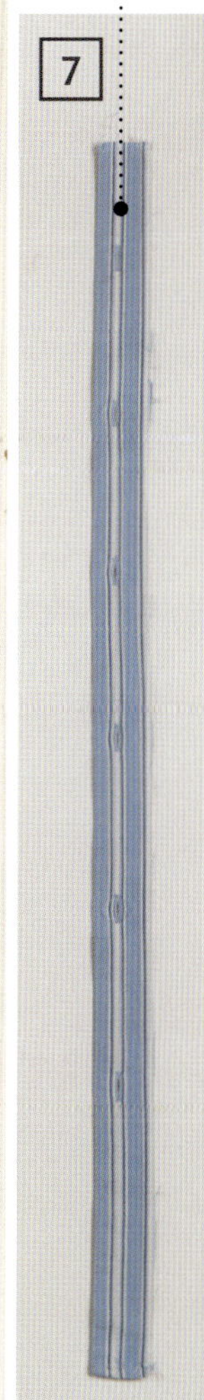

BUSINESSHEMDEN

Die bei den Bankern im Londoner Bankenviertel so beliebten gestreiften Hemden haben mich zum Schreiben dieses Buchs inspiriert, aber eigentlich ist das blütenweiße Hemd (zum dunklen Anzug) das klassische Symbol für Männlichkeit und Verbindlichkeit.

Hemden, wie wir sie heute kennen, tauchten in England erstmals in der Zeit Eduards VII. auf (1901–1914) und waren ursprünglich weiß. Allmählich wurden Farben eingeführt, darunter auch die momentan wohl beliebteste Farbe: Blau.

Damals, als man noch angezogen hat, was die gesellschaftlichen Regeln vorgaben, unterteilte der Gentleman seine Garderobe in Stadtkleidung und Countrykleidung. Stadthemden waren aus Stoffen mit Webstreifen in Dunkelrot, Mittel- oder Dunkelblau oder Grau, stets auf weißem Grund. 1870 eroberten die Streifen den Kleiderschrank des Mannes. „Regattastreifen" genannt, galten sie aber als absolut ungeeignet für Geschäftskleidung, da man ihnen nachsagte, sie dienten dazu, Schmutz zu kaschieren. Nadelstreifen, die durch Kinofilme berühmt wurden, insbesondere, wenn sie mit roten Hosenträgern getragen wurden, galten als Synonym für Geldgeschäfte – unabhängig davon, ob sie von Bankleuten oder von Ganoven getragen wurden.

Qualitativ hochwertige Businesshemden werden aus leichter, feiner Baumwolle hergestellt. Die ganz teuren Hemden sind aus langfaseriger ägyptischer Makobaumwolle und fühlen sich seidig an.

Für meine Projekte habe ich mehrere verschiedene Businesshemden verwendet. Der Patchworkquilt und das gestreifte Kopfkissen (s. S. 20–23) sind in meiner klassischen Lieblingskombination aus weißen und blauen Streifen gehalten. Für den Esszimmerstuhl (s. S. 34–37) habe ich sowohl gestreifte als auch karierte Businesshemden eingesetzt, ergänzt durch Manschetten in klassischem Weiß, die ich auf einem Flohmarkt in Amsterdam gefunden habe.

Die blauen Handtücher, die ein bisschen Luxushotelatmosphäre verbreiten, habe ich mit Knopfleisten von Businesshemden verziert (s. S. 18–19). Der Buchumschlag (s. S. 30–33) besteht aus einer Kombination verschiedener Knopfleisten mehrerer Hemden.

Als ich das Smokinghemd mit den kunstvoll verschnörkelten Knöpfen und den kleinen, feinen Bundfalten sah, wusste ich sofort, dass daraus ein hübsches, feminines Schmucktäschchen entstehen könnte (s. S. 38–41).

KUSCHELKISSEN

Was für eine schöne und witzige Art ein geliebtes altes Hemd wiederzubeleben! Wie zu sehen ist, haben wir den Kissenbezug ein wenig „eng" gemacht, sodass er aussieht wie ein Hemd, das sich über einem zufriedenen Kugelbäuchlein spannt. Wenn Sie es nicht als Kissenbezug mögen, lässt sich auch ein Pyjama oder ein Nachthemd daraus machen.

1

MATERIAL

- Vorderteil eines Button-down-Hemdes
- Passendes Nähgarn
- Kleines Stück Stoff von einem anderen Hemd
- Kissenfüllung

WERKZEUG

- Maßband
- Schneiderkreide
- Schneiderschere
- Stecknadeln
- Nähnadel
- Zickzackschere
- Nähmaschine

ANLEITUNG

1 Kissengröße abmessen. Das Hemd zugeknöpft auf links wenden und flach hinlegen, die Vorderseite nach oben. Ein Quadrat von der Größe der Kissenfüllung auf dem Hemd ausmessen und plus 1 cm Nahtzugabe rundherum mit Schneiderkreide aufzeichnen. Wenn das Hemd eine Brusttasche hat, diese einbeziehen. Soll der Kissenbezug etwas „spannen", einfach die Nahtzugabe weglassen. Ausschneiden.
Ein gleich großes Stoffstück aus dem Rückenteil des Hemdes ausschneiden.

2 Das Vorderteil aufknöpfen und, als wäre es sorgfältig zugeknöpft, rechts auf rechts auf das Rückenteil legen. Feststecken, heften und nach Wunsch mit oder ohne 1 cm Nahtzugabe rundherum zunähen.

2

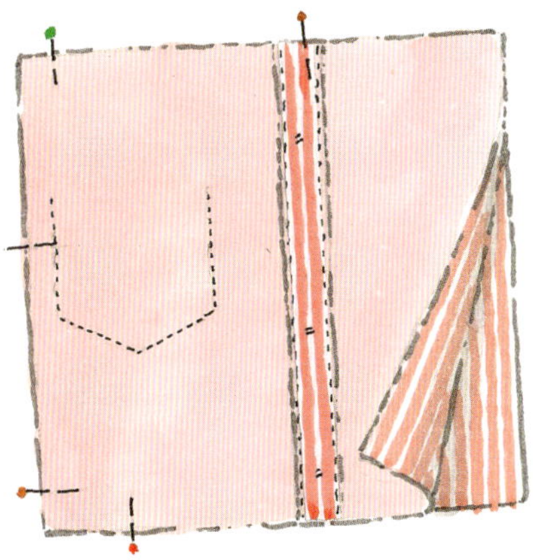

3 Den Bezug durch die offene Knopfleiste auf rechts wenden, die Füllung hineinstecken, Knöpfe schließen. Mit der Zickzackschere ein kleines Quadrat aus dem Stoff eines anderen Hemdes ausschneiden und in die Tasche stecken.

3

HANDTÜCHER MIT KNOPFLEISTE

Dieses Projekt ist einfach und zugleich exklusiv. Die Knopfleiste des Hemdes kann entweder die Farbgebung des Handtuchs unterstreichen oder mit einer Kontrastfarbe ergänzen. Ein originelles Geschenk zum Einzug! Kaufen Sie ein preisgünstiges Handtuch in einem Supermarkt und verzieren Sie es dann mit Knopfleisten.

MATERIAL

- Eine Auswahl an Hemden
- Händehandtücher mit eingewebten Streifen
- Passendes Nähgarn

WERKZEUG

- Schneiderschere
- Stecknadeln
- Nähnadel
- Nähmaschine

ANLEITUNG

1 Die Knopfleiste vom Hemd abtrennen. So zurechtschneiden, dass die Länge der Knopfleiste der Breite des Handtuchs zuzüglich 2 cm Nahtzugabe auf beiden Seiten entspricht.

2 Die Nahtzugabe an den kurzen Kanten einschlagen und die Knopfleiste so auf dem Handtuch feststecken, dass sie die Vertiefung durch den eingewobenen Streifen auf dem Handtuch abdeckt. Knopfleiste anheften. Mit der Nähmaschine festnähen, dabei der Linienführung durch die bereits vorhandenen Nähte auf der Knopfleiste folgen.

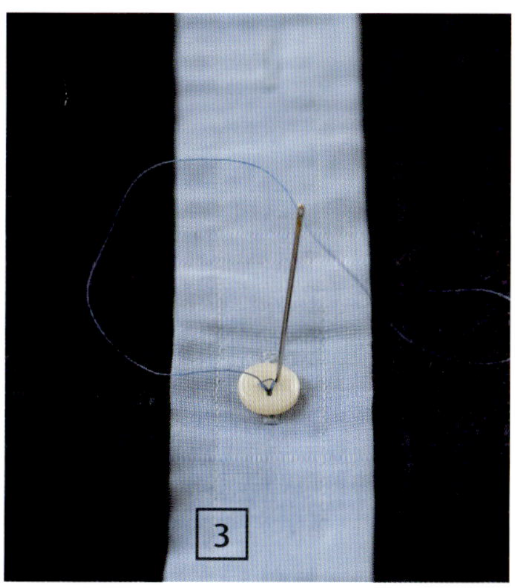

3 Als zusätzliches dekoratives Element können Sie die Hemdknöpfe auf die Knopflöcher aufnähen, sodass die Knopfleiste wie bei einem sorgfältig geschlossenen Hemd aussieht. Alle Schritte für jedes zu verzierende Handtuch wiederholen.

PATCHWORKQUILT UND KOPFKISSEN

Diese Steppdecke ist ein bisschen spleenig, denn die einzelnen Patchworkflicken haben nicht alle exakt die gleiche Größe. Dadurch können die unterschiedlichsten Teile verschiedener Hemden verwendet werden. Im Kontrast dazu wurde das Kissen aus sehr symmetrischen Hemdstoffstreifen gestaltet. Da sich aber die Farben der Decke auch im Kissen finden, passt das Design.

MATERIAL

- 7 Hemden in sich ergänzenden Farben und Mustern
- Ein altes Bettlaken oder Leinenstoff, 122 x 210 cm
- Passendes Nähgarn
- 6 Druckknöpfe

WERKZEUG

- Schneiderschere
- Stecknadeln
- Nähmaschine
- Nähnadel
- Bügeleisen und Bügelbrett

ANLEITUNG

Für das Kopfkissen Streifen aus Hemdenstoff aneinandernähen. Als Kissenrückseite das Vorderteil eines Hemdes verwenden. Nach der Anleitung für das Kuschelkissen (s. S. 16/17) arbeiten, aber mit Ihren Kopfkissenmaßen.

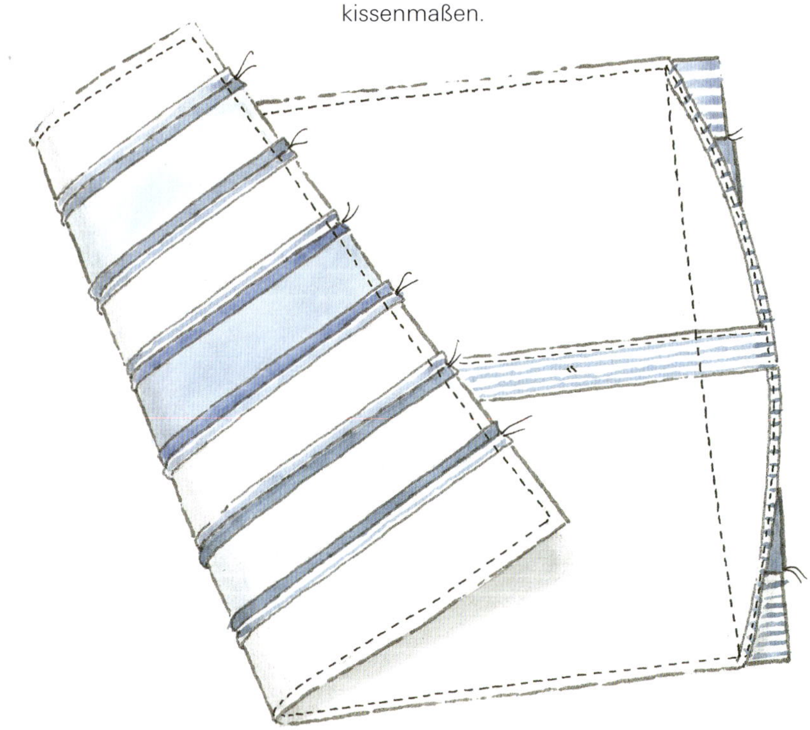

1

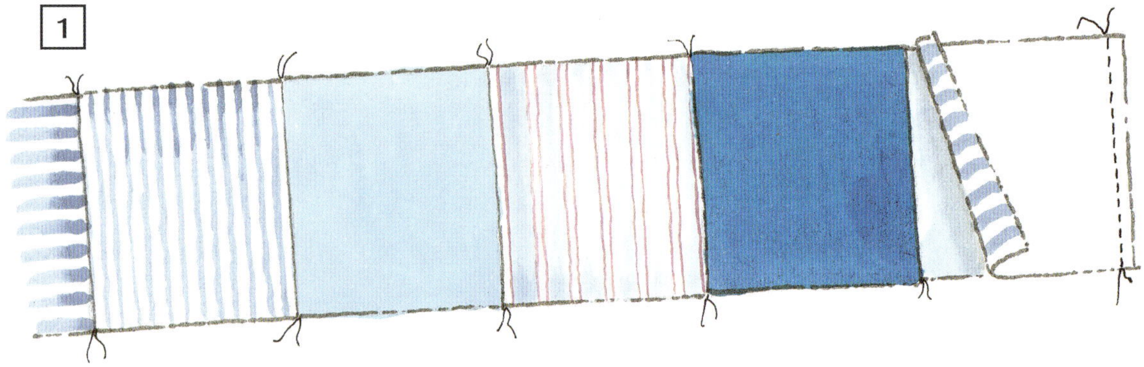

FÜR DEN PATCHWORKQUILT

1 Zunächst 231 etwa 13 x 13 cm große Quadrate aus den Hemden zuschneiden. Mit jeweils 1 cm Nahtzugabe die Quadrate rechts auf rechts gelegt zu Reihen von jeweils 21 Quadraten aneinandernähen. Die Nähte auseinanderbügeln.

TIPP

Achten Sie darauf, unterschiedliche Muster und Farben aneinanderzureihen, und variieren Sie die Richtung von Streifenmustern – sowohl beim Aneinandernähen der Quadrate als auch beim Zusammenfügen der Reihen.

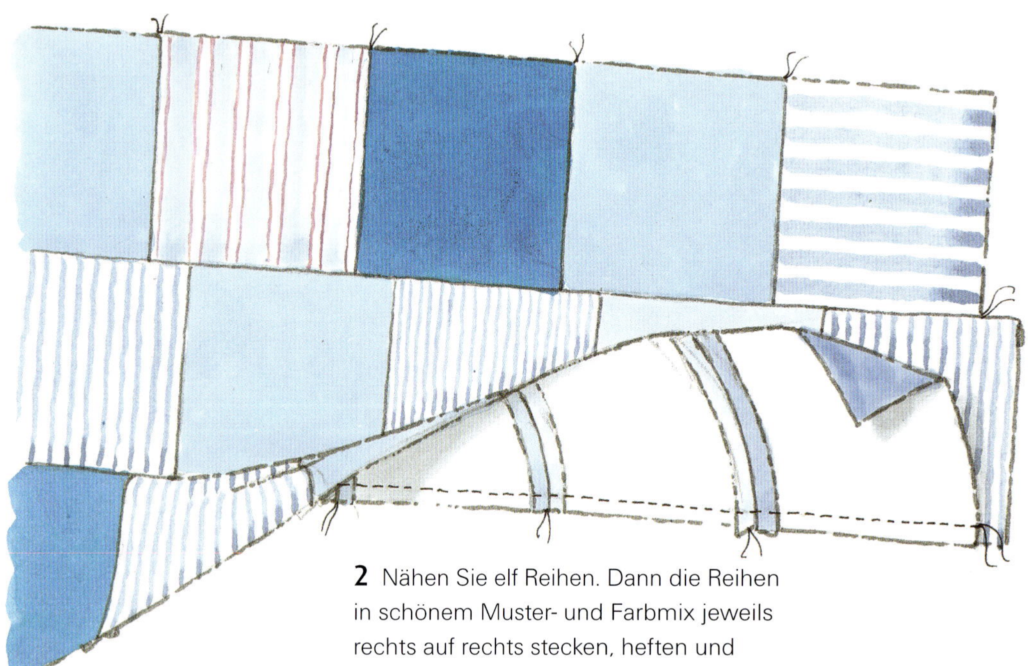

2

2 Nähen Sie elf Reihen. Dann die Reihen in schönem Muster- und Farbmix jeweils rechts auf rechts stecken, heften und zusammennähen. Anstatt die Nahtenden zu versäubern, ist es einfacher, diese auf den Streifen mit festzunähen. Bügeln.

3 Den Quilt rechts auf rechts auf das Bettlaken stecken. Überstände abschneiden. Sind alle Seiten gerade, heften und die beiden langen Seiten und eine kurze Seite zusammennähen. Die offene kurze Seite 2 cm doppelt einschlagen und absteppen. Decke auf rechts wenden und die Druckknöpfe annähen.

3

NACHTHEMD FÜR DEN TEDDY

Dieses niedliche Teddy-Outfit können Sie gut mit einem Kind zusammen nähen. Für einen kleineren Bären ein Hemd mit schmalerer Manschette verwenden.

MATERIAL

- Ein gestreiftes Businesshemd
- Passendes Nähgarn
- Ein Teddybär

WERKZEUG

- Maßband
- Schneiderschere
- Stecknadeln
- Nähmaschine
- Zickzackschere
- Nähnadel

1

ANLEITUNG

1 Die Größe des Teddys vom Hals bis zu den Füßen abmessen. In dieser Länge zuzüglich 5 cm den Ärmel des Hemdes vom Ansatz der Manschette an abschneiden.

2 Den Ärmel des Hemdes so auf dem Teddy positionieren, dass der Ansatz der geschlossenen Manschette mit dem Teddyhals auf einer Linie liegt. Dann auf beiden Seiten auf der Höhe von Teddys Armen die Armlöcher mit Nadeln markieren. Beide Armlöcher ausschneiden. Den Hemdärmel über den Teddy streifen und seine Arme durch die Armlöcher ziehen, evtl. die Löcher etwas nachschneiden.

2

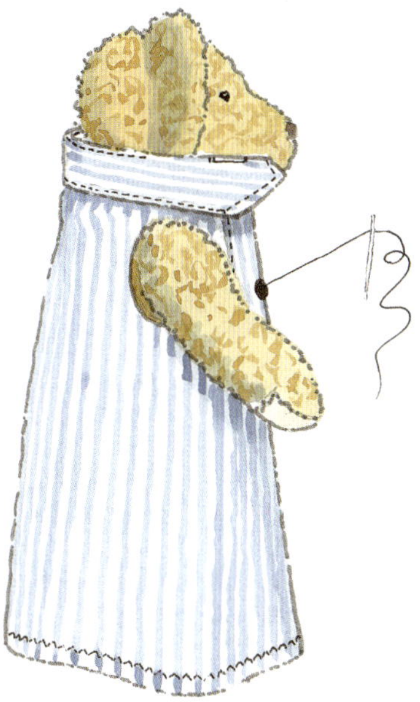

3

3 Die Armlöcher und den unteren Rand des Nachthemdes mit Zickzackstich versäubern. Den unteren Saum zweimal 1 cm einschlagen oder als Alternative die untere Kante einfach mit einer Zickzackschere schneiden. Dem Teddy das Nachthemd wieder anziehen und die Knöpfe auf den Halsausschnitt nähen. Wenn die Manschette keine Knöpfe hat, Knöpfe von der Vorderseite des Hemdes abtrennen und annähen. Nach Wunsch die Manschette des Hemdes als Kragen umschlagen mit wenigen Stichen am Nachthemd befestigen.

WIMPELKETTE

Dies ist ein weiteres Projekt, für welches nur Stoffreste benötigt werden. Nehmen Sie Streifenhemden in leuchtenden Farben und schneiden Sie die Wimpel sowohl vertikal als auch horizontal aus dem Muster heraus. Diese Wimpel sind doppelseitig verarbeitet und wirken deshalb besonders hochwertig. Eine Wimpelkette lässt sich drinnen oder draußen aufhängen und ist eine einfache Möglichkeit, Partyfeeling zu verbreiten.

MATERIAL

- Viele gestreifte Hemden in unterschiedlichen Farben
- Passendes Nähgarn
- Farbige Kordel oder Schnur
- Papier für Schablonen

WERKZEUG

- Bleistift und Lineal
- Papierschere
- Stecknadeln
- Schneiderschere
- Nähnadel
- Nähmaschine
- Bügeleisen und Bügelbrett

ANLEITUNG

1 Eine Papierschablone für ein Dreieck mit zwei langen Seiten von je 27 cm und einer kurzen Seite von 20 cm anfertigen. Die Schablone auf dem Hemd feststecken und ein Dreieck ausschneiden. Wiederholen, bis Sie doppelt so viele Dreiecke haben, wie Sie Wimpel aufhängen möchten.

2 Zwei verschiedenfarbige Dreiecke rechts auf rechts legen, entlang der kurzen Seite feststecken, heften und mit 5 mm Nahtzugabe zusammennähen. An den zwei langen Seiten der beiden Dreiecke 5 mm Nahtzugabe auf die linke Seite umschlagen und flach bügeln.

3 Nun die beiden Wimpel über die Naht links auf links legen, feststecken und heften. Beide langen Seiten des Wimpels vom spitzen Ende nach oben hin bis 2 cm vor das obere Ende steppen. Alle Wimpel so fertigen. Zur Kette aufreihen, dazu eine Kordel oder Schnur durch die kleinen Tunnel an der Oberkante der Wimpel ziehen.

BUCHUMSCHLAG

Ich mag es, wenn etwas so Einfaches wie die Knopfleiste eines Hemdes einen sinnvollen Zweck erfüllt. Hätte ich hier nur Stoffbahnen aneinandergenäht, wären die Abschlüsse nicht so perfekt. Die Buchhülle ist ganz unkompliziert herzustellen und kann doch, je nach Farbwahl, anspruchsvoll, schlicht oder einfach umwerfend wirken!

MATERIAL

- Eine Auswahl an Hemden (wie viele, hängt von der Größe des Buches ab)
- Ein Hemd für das Innenfutter
- Passendes Nähgarn
- Doppelseitiges Bügelvlies
- Ein Buch

WERKZEUG

- Maßband
- Schneiderschere
- Bügeleisen und Bügelbrett
- Nähmaschine
- Nähnadel

ANLEITUNG

1 Das einzuschlagende Buch aufklappen und flach hinlegen. Die Breite des geöffneten Buches zuzüglich 10 cm für den Einschlag und die Höhe des Buches messen. Jetzt sowohl das Bügelvlies als auch das Stück Hemd für den Futterstoff anhand der Maße auf die entsprechende Größe zuschneiden.

2 Die leicht glänzende Klebeseite des Bügelvlieses auf dem Futterstoff platzieren und nach Herstellerangaben aufbügeln, bis der Klebstoff geschmolzen ist. Dann das Trägerpapier abziehen.

TIPP

Ist das Bügeleisen nach der Arbeit mit Kleber vom Bügelvlies verklebt, lässt sich dieser mit Nagellackentferner und einem weichen Tuch leicht wieder entfernen.

5 Das Buch in den Umschlag einschlagen. Für die Einschübe, die den Bucheinband halten, werden die Überstände rechts und links eingeschlagen und von Hand angenäht.

3 Vorsichtig die Knopfleisten von den Hemden abtrennen und auf der Vliesseite des Futterstoffs in der gewünschten Reihenfolge anordnen. Das heiße Bügeleisen auf die Knopfleisten pressen, bis sie festkleben. Die Überstände der Knopfleisten auf Länge des Futterstoffs schneiden. Wenn Sie möchten, können Sie die einzelnen Knopfleisten auch zusätzlich mit der Maschine fixieren.

4 Zum Versäubern der Innenkanten des Buchumschlags, diese etwa 5 mm einschlagen und mit der Maschine umnähen. Als Alternative alle Kanten mit einem Stoffstreifen aus einem der Hemden säumen.

HINGUCKER-STUHL

Diese Husse macht aus einem schlichten Stuhl einen extravaganten Blickfang, der sich mit der durchgehenden Knopfleiste leicht auf- und abziehen lässt. Der Bezug eignet sich am besten für einen Stuhl mit gerader Rückenlehne. Bevor Sie mit dem Schneidern anfangen, müssen Sie bei diesem Projekt sehr viel messen und Papierschablonen anfertigen. Ich habe drei sehr große, gemusterte Hemden verwendet. Ich hatte kein gemustertes Hemd mit weißen Manschetten, so habe ich diese von einem weißen Hemd abgetrennt und die gemusterten damit ersetzt.

MATERIAL

- Mindestens drei große Hemden
- Weiße Manschetten (nach Wunsch)
- Passendes Nähgarn
- Papier für Schablonen

WERKZEUG

- Maßband
- Lineal und Bleistift
- Papierschere
- Stecknadeln
- Schneiderschere
- Nähnadel
- Nähmaschine
- Bügeleisen und Bügelbrett

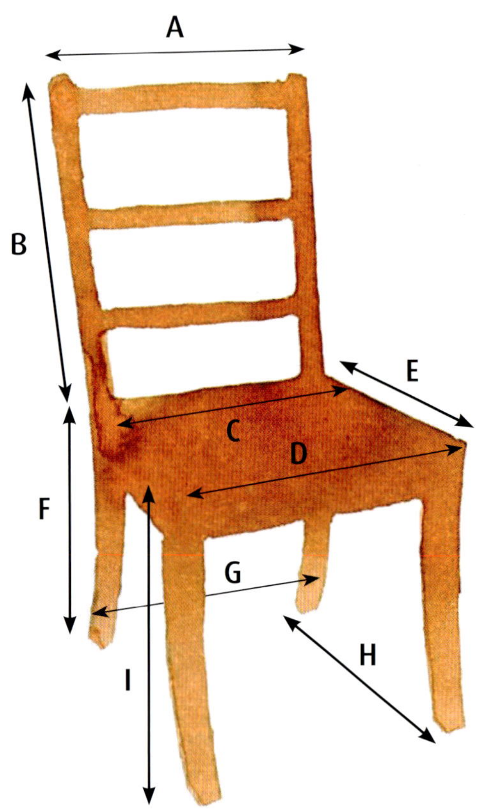

PAPIERSCHABLONEN ANFERTIGEN

1 Für den vorderen Teil der Lehne die Maße A, B und C ermitteln, an beiden Seiten und oben je 2 cm oder mehr Nahtzugabe zugeben, entsprechend der Dicke Ihrer Stuhllehne. An der unteren Seite 1 cm Nahtzugabe ergänzen und eine entsprechende Schablone zuschneiden.

2 Die Breiten C und D sowie die Stuhltiefe E messen, überall 1 cm Nahtzugabe zugeben und die Schablone für die Sitzfläche ausschneiden.

3 Für die Rückseite des Stuhls die beiden langen Seiten B und F, die obere Breite A und die untere Breite G ausmessen, überall 1 cm zugeben, Schablone zuschneiden.

4 Für die Seitenflächen mit den Maßen der Längen E und H und den Höhen F und I plus 1 cm zwei Schablonen ausschneiden.

5 Für die vordere Fläche der Husse mit Höhe I und Breite D plus 1 cm eine Papierschablone herstellen.

ANLEITUNG

1 Die Schablonen beschriften – Rücken, Vorderteil Lehne, Sitzfläche, unteres Vorderteil und die Seiten – damit Sie stets wissen, welches Teil wohin gehört. Die Schablonen von Vorder- und Rückseite der Lehne zusammenstecken und vorsichtig über den Stuhl ziehen. Sind die Abmessungen zu knapp, die Schablonen vergrößern. Wenn die Schablonen zu lose sitzen, die Stecknadeln einfach weiter nach innen versetzen und so die Nahtzugabe vergrößern. Bedenken Sie, dass es möglich sein muss, den Bezug vom Stuhl bequem ab- und wieder aufzuziehen (selbst wenn die Rückseite aus einem aufknöpfbaren Hemdvorderteil besteht!). Jetzt die Schablonen für die Sitzfläche, die Vorderfront und die unteren Seitenteile an die bereits über den Stuhl gezogenen Teile stecken.

1

2

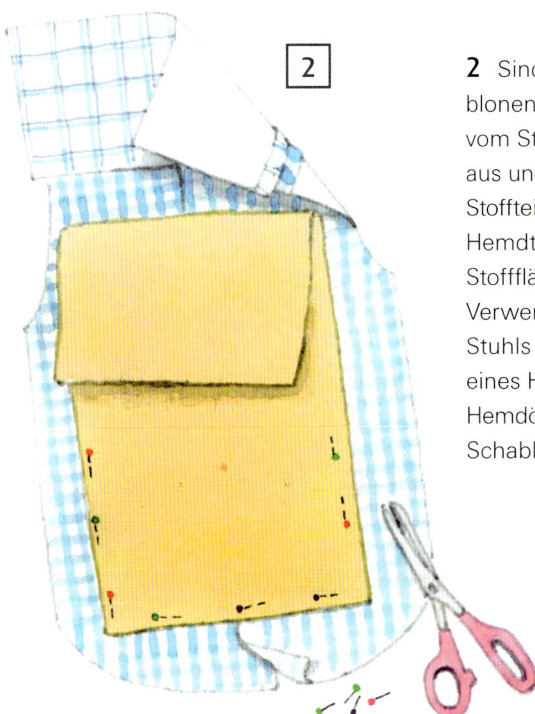

2 Sind Sie mit der Passform aller Schablonen zufrieden, entfernen Sie diese vom Stuhl. Wählen Sie nun die Hemden aus und legen Sie die Schablonen auf die Stoffteile. Eventuell müssen Sie mehrere Hemdteile zusammennähen, damit die Stoffflächen ausreichend groß werden. Verwenden Sie für die Rückseite des Stuhls die durchgeknöpfte Vorderseite eines Hemdes und platzieren Sie die Hemdöffnung in der Mitte der zugehörigen Schablone. Die Stoffteile ausschneiden.

3 Die Ärmel eines Hemdes abschneiden. Nach Wunsch die gemusterten Manschetten durch weiße Manschetten ersetzen. Rechts auf rechts mit 1 cm Nahtzugabe an die unteren Enden der Ärmel nähen. Die Manschetten nach unten klappen, Nähte flach bügeln.

3

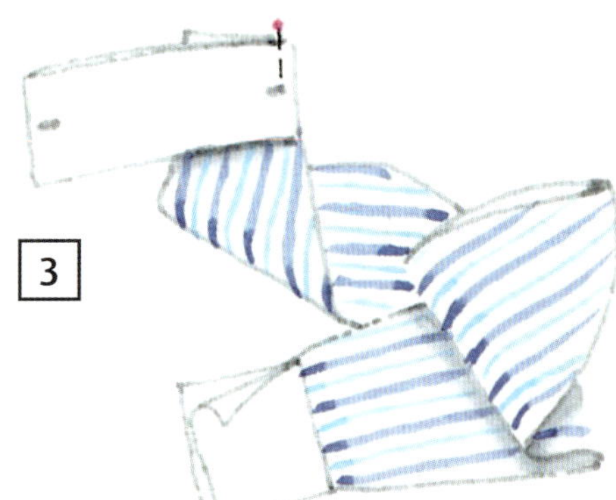

4 Die Stoffteile rechts auf rechts zusammenstecken, wie zuvor bei den Papierschablonen, die Ärmel jeweils rechts und links, 14 cm von oben, zwischen Vorder- und Rückenteil des Lehnenbezugs mit feststecken. Ich habe sie bei meinem Stuhl genau auf die Verbindungsnähte von Vorder- und Rückenteil ausgerichtet. Achten Sie darauf, die Ärmel so zwischen Vorder- und Rückenteil zu befestigen, dass sie sich auf der Außenseite des Stuhlbezugs befinden, wenn die fertige Husse auf rechts gedreht wird.

4

TIPP

Es ist leichter, die hinteren Teile direkt auf dem Stuhl zusammenzustecken. Die Stecknadeln lassen sich so noch umstecken, damit die Nähte am Stuhlrücken genau passen.

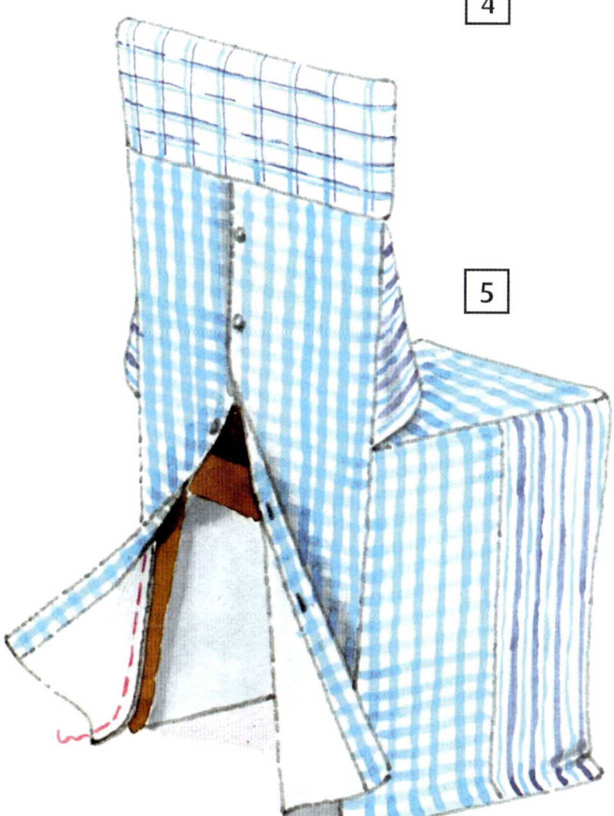

5

5 Alle Teile heften. Dann die Husse umdrehen und über den Stuhl ziehen. Die Knöpfe hinten zuknöpfen, um die richtige Passform zu überprüfen. Letzte Korrekturen vornehmen. Wenn Sie mit der Passform zufrieden sind, alle gehefteten Nähte mit der Nähmaschine nähen. Überall eine zweite Naht zur Verstärkung neben die erste setzen. Die Nähte flach bügeln und die Schnittkanten mit Overlock- oder Zickzackstich versäubern oder von Hand beketteln. Abschließend den unteren Rand des Hemdes 5 mm einschlagen, flach bügeln, ein weiteres Mal 5 mm einschlagen und mit der Nähmaschine absteppen.

SCHMUCKROLLE

Schmucktaschen sind sehr nützlich, um Schmuck wohlverwahrt mit in den Urlaub zu nehmen. Für dieses Täschchen zum Einrollen wurde ein klassisches weißes Smokinghemd mit einem hellblauen Hemd als Kontrast kombiniert. Die Zierfalten und Knöpfe des Smokinghemdes wirken sehr dekorativ.

MATERIAL

- Ein Hemd mit dekorativen Falten an der Vorderseite
- Ein Hemd in kontrastierender Farbe
- Passendes Nähgarn
- Papier für Schablonen
- 30 cm Volumenvlies
- Füllwatte
- Druckknopf

WERKZEUG

- Lineal oder Maßband
- Bleistift
- Papierschere
- Stecknadeln
- Schneiderschere
- Nähnadel
- Nähmaschine
- Bügeleisen und Bügelbrett

ANLEITUNG

1 Die Papierschablonen zuschneiden: für die äußere Fläche 20 x 29 cm, für die Innentaschen einmal 16 x 9 cm und einmal 11 x 8 cm, für den Ringhalter 18 x 5 cm. Mithilfe der Schablone für die Außenseiten der Schmuckrolle ein Stück Stoff aus der Hemdvorderseite ausschneiden (die Knopfleiste muss in der Mitte sein, mit sorgfältig geschlossenen Knöpfen), dann ein zweites Stück aus dem Hemdrückenteil und ein weiteres aus dem Volumenvlies. Die beiden Teile der Knopfleiste zusammenstecken, heften und mit der Nähmaschine nähen.

2 Aus dem zweiten Hemd mithilfe der Schablonen die Innentaschen ausschneiden. Die Schnittkanten etwa 5 mm doppelt einlegen und flach bügeln. Jeweils eine lange Seite der Innentaschen feststeppen. Die anderen drei Seiten der Innentaschen auf die rechte Seite des Stoffstückes (= Innenseite der Tasche) stecken, heften und aufnähen. Die größere der beiden Innentaschen durch eine Mittelnaht in zwei kleinere unterteilen.

3 Für den Ringhalter mithilfe der Schablone ein Stück Stoff aus dem zweiten Hemd ausschneiden. Den Stoff der Länge nach rechts auf rechts einmal in der Mitte falten und die lange und eine kurze Seite zusteppen. Umkrempeln und mit Füllmaterial ausstopfen. Das Volumenvlies auf die linke Seite der Außenseite der Schmuckrolle (Hemdvorderseite) legen, darauf das Stoffstück mit den Innentaschen platzieren und die letzte offene Seite des Ringhalters auf die äußere Kante zwischen den Innentaschen stecken. Nun diese Lagen rundherum 5 mm vom Rand zusammenstecken, heften und nähen.

4 Für das Bindeband einen 3 cm breiten Schrägstreifen aus dem zweiten Hemd schneiden. Falls nötig, mehrere Streifen aneinandernähen, um die gewünschte Länge zu erhalten. Den Streifen rundherum an allen vier Seiten 5 mm umbügeln, dann über die gesamte Länge einmal falten, sodass er über die Länge halbiert wird, flach bügeln. Entlang der drei eingeschlagenen Seiten stecken, heften, nähen. Das Band in der Mitte falten und von Hand mit der Faltstelle an der Vorderseite des Täschchens auf Höhe der Knopfleiste festnähen.

5 Aus dem Hemd in Kontrastfarbe 2 cm breite Schrägstreifen ausschneiden, so lang, dass sie um alle vier Seiten der Rolle herumreichen. Eventuell wieder mehrere Streifen aneinandernähen. Den Streifen rundherum 5 mm breit einschlagen und flach bügeln. Das Schrägband rechts auf rechts rundherum auf der Faltenhemdseite feststecken, an den Ecken so einschlagen, dass saubere kleine Fältchen entstehen. Heften und nähen. Jetzt das Schrägband auf die Innenseite umschlagen. Fältchen einlegen und mit Blindstich von Hand entlang der Maschinennaht festnähen.

6 Ein Druckknopfteil am losen Ende des Ringhalters und eines an der Innenseite der Schmuckrolle annähen, so ist der Ringhalter gut befestigt.

FREIZEITHEMDEN

Viele praktisch oder künstlerisch veranlagte Männer verraten diese Neigung durch die Wahl ihrer Hemden. Die Mutigen favorisieren leuchtende Farben, wie ich sie z. B für die Babyschühchen (s. S. 44–47) verwendet habe. Blumenmuster sind längst nicht immer nur niedlich, weiblich oder bieder. Kräftige Farben, einfache Formen und ausdrucksstarke Strukturen lassen sie ganz unterschiedlich wirken.

Das obere Hemd der drei, die Sie in der Abbildung auf dem Bügel hängen sehen, ist ein französisches Designerhemd aus Seide – einfach toll. Das Hemd darunter, mit dem Muster aus blauen Miniblumen, könnte ein typischer ausgefallener Stoff des Kaufhauses Liberty in London sein, stammt aber dennoch nur aus einem ganz normalen Modeladen. Das unterste Hemd auf dem Bügel ist aus Viskose. Um das Beste aus dem etwas antiquierten Retrostil zu machen, habe ich es mit entsprechend attraktivem Hahnentrittmuster kombiniert und daraus die Kissen im Stil der 1950er-Jahre gemacht (s. S. 82–85).

Einige der geblümten Hemden aus den 1960er- und 1970er-Jahren konnte ich wirklich wunderbar verarbeiten, etwa für den Patchworkstuhl, für den ich sowohl strenge als auch grelle und sich beißende Farben und Muster eingesetzt habe (s. S. 56–59). Ich habe sogar die Manschetten verwendet, die ja schon perfekt verarbeitete Rechtecke sind. Leinen, auch ein bei Kreativen beliebter Hemdenstoff, ist zu einem schönen, weichen Hasen mit extralangen Beinen geworden (s. S. 74–77).

Für die Freunde von klassischem Denim gibt es einen Brotkorb zum Umkrempeln, entweder in klassischem Jeansblau oder in Blauweiß geblümt (s. S. 86–89).

WEICHE BABYSCHÜHCHEN

Das sind die niedlichsten Babyschühchen, die es gibt – und weil dafür extrem wenig Stoff benötigt wird, können Sie ganz viele davon machen! Ich habe einige große, einfarbige Hemden gefunden, so konnte ich mit den Farben spielen und Innen- und Außenseite der Schühchen aufeinander abstimmen. Je weicher der Stoff, desto besser für die kleinen Babyfüße.

MATERIAL

- 2 Hemden in verschiedenen Farben pro Schuhpaar
- Passendes Nähgarn
- 30 cm leichte Bügeleinlage
- Papier für Schablonen
- Druckknöpfe

WERKZEUG

- Bleistift
- Papierschere
- Stecknadeln
- Schneiderschere
- Bügeleisen und Bügelbrett
- Nähmaschine
- Nähnadel

ANLEITUNG

1 Zunächst Papierschablonen nach den Vorlagen auf Seite 141 anfertigen und damit je eine rechte und eine linke Sohle aus Außenstoff, Innenstoff und Bügeleinlage ausschneiden. Außerdem je zwei Schuhoberteile aus beiden Stoffen und der Bügeleinlage ausschneiden.

2 Die Zuschnitte der Bügeleinlage auf die linken Seiten der Sohlen und des Außenstoffs der Schuhoberteile aufbügeln.

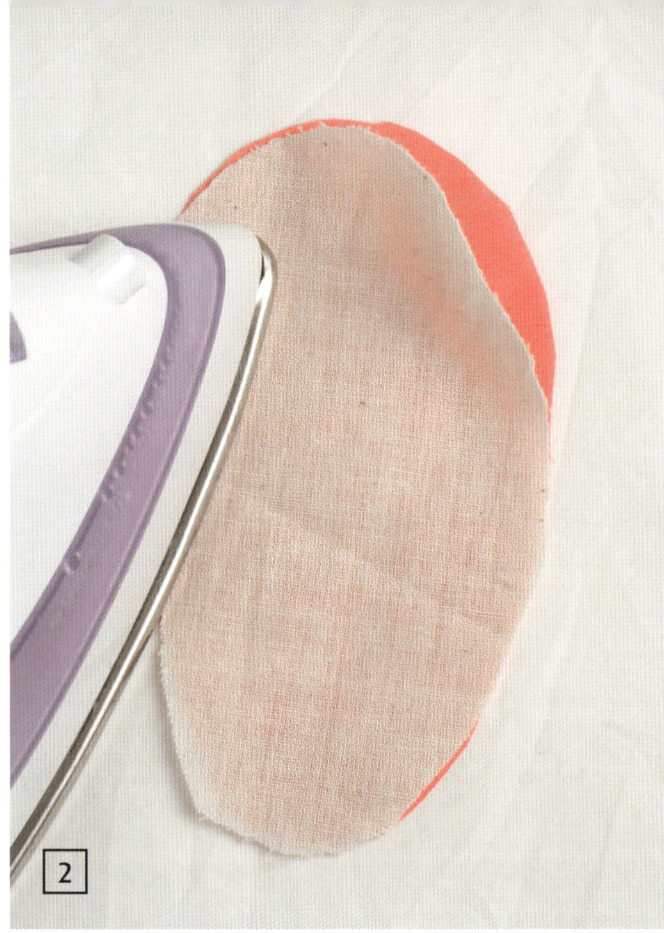

3 Zweimal ein 7 x 4 cm großes Stück vom Außenstoff für die Riemchen ausschneiden. Die beiden kurzen Seiten je 5 mm umlegen, dann die beiden Längsseiten zur Mitte hin einschlagen. Das Riemchen zur Hälfte falten und flach bügeln. Zusammenstecken, heften und die offene lange Seite steppen.

4 Den Innen- und den Außenstoff des Schuhoberteils rechts auf rechts mit zwischengelegten Riemchenenden an die Schuhinnenseite stecken und heften. Die Nahtzugabe in den Kurven einschneiden.

5 Nach dem Heften aufklappen. Die beiden geraden hinteren Kanten des Innenfutters rechts auf rechts aufeinander ausrichten und die beiden geraden hinteren Kanten des Außenstoffes ebenfalls. Diese beiden hinteren Nähte stecken, heften und nähen. Beide Nähte aufklappen und flach bügeln, dann die bereits geheftete Rundnaht steppen.

6 Den Zuschnitt für die Sohle aus Außenstoff und Bügeleinlage rechts auf rechts an das Schuhoberteil aus dem Außenstoff entlang der gerundeten Naht feststecken, heften und mit der Maschine nähen. Den Sohlenzuschnitt aus dem Innenstoff ebenfalls rechts auf rechts an das Schuhoberteil aus Innenstoff stecken, heften und nähen, dabei den Schuh an der gerundeten Vorderseite offen lassen, damit er auf rechts gedreht werden kann.

7 Den Außenstoff-Schuh durch die Öffnung im Innenfutter-Schuh auf rechts wenden. Die Öffnung im Innenfutter-Schuh schließen, dazu die unversäuberten runden Schnittkanten einschlagen und mit Blindstich von Hand zunähen. Den Innenschuh im Außenschuh zurechtziehen.

8 Die eine Hälfte des Druckknopfes an das Ende des Riemchens nähen, die zweite Hälfte an den Schuh.

TIPP

Diese Schühchen sind sehr weich, aber wachsende Babyfüße sind auch sehr empfindlich und dürfen nicht eingezwängt werden, deshalb achten Sie auf gute Passform und arbeiten Sie falls nötig größere Schühchen.

LAMPENSCHIRM

Dieses Projekt liebe ich, weil die Hemden so leuchtend und schön sind. Ich hatte mich entschlossen, eine Lampe zu überarbeiten, die seit 15 Jahren herumstand und irgendwie abgetakelt aussah. Da erinnerte ich mich, dass ich schon früher erfolgreich Stoffversteifer für Markisen verwendet hatte, um Lampenschirme herzustellen. Stoffversteifer ist gebrauchsfertig erhältlich und einfach anzuwenden. Es ist allerdings eine sehr klebrige Angelegenheit, deshalb sollte man alte Kleidung sowie Einweg- oder Gummihandschuhe anziehen und die Arbeitsfläche mit Plastikfolie oder Müllsäcken abdecken.

MATERIAL

- Viele Hemden in leuchtenden und interessanten Farben und Mustern, es müssen keine vollständigen Hemden sein.
- Eine Lampe
- Ein Lampenschirm
- 2 Töpfe Stoffversteifer
- Kunststoffpinsel
- Plastikfolie oder Müllsäcke
- Einweg- oder Gummihandschuhe

WERKZEUG

- Schneiderschere
- Sprühflasche mit Brandverzögerer für Stoff (wird überwiegend im Theater verwendet, kann aber jetzt auch im Internet gekauft werden)

1

ANLEITUNG

1 Einige etwa 5 cm breite Stoffstreifen zuschneiden. Längen von 30–50 cm eignen sich für die Verarbeitung am besten. Verwenden Sie auch die Knopfleisten. Einen Streifen auf die Plastikfolie legen, Stoffversteifer über die gesamte Länge auftragen und in den Stoff einreiben. Den Streifen hochheben und mit den Fingern über die Länge herauf- und herunterreiben, damit er vollständig mit Stoffversteifer getränkt wird.

TIPPS

Quer geschnittener Stoff zeigt mehr Geschmeidigkeit und Dehnbarkeit als längs geschnittener. Manschettenknöpfe, Druckknöpfe, normale Knöpfe und Knopflöcher können an den Knopfleisten ruhig verbleiben, das ist sehr dekorativ.

2 Oben beginnend die getränkten Streifen und Knopfleisten um den Stiel herumwickeln. Die Streifen dürfen überlappen, müssen aber fest angedrückt werden, sodass die Umwickelung der Form des Stiels folgt. Den Vorgang mit weiteren Streifen und Knopfleisten fortsetzen, bis der ganze Stiel bedeckt ist.

2

3

5 Beim Lampenschirm genauso verfahren wie beim Lampenfuß, aber hier können Hemdreste in unterschiedlichsten Formen verwendet werden. Sie können flach oder auch in sich verdreht aufgeklebt werden, damit sie auftragen und gerüscht wirken. Zum Schluss können noch Motive aus Hemdresten ausgeschnitten werden. Hier wurden Blumen und Fische verwendet. Diese dann einfach auf die anderen Stoffstücke aufkleben. Den Schirm über Nacht trocknen lassen, dann mit dem Brandschutzspray gemäß Herstellerangaben einsprühen.

5

3 Für den Lampenfuß Dreiecke ausschneiden, die etwas größer sind als der Fuß. Die Dreiecke rundherum probeweise auf den Fuß auflegen. Die Überstände der Dreiecke können dann abgeschnitten werden, damit diese genau um den Fuß herumreichen.

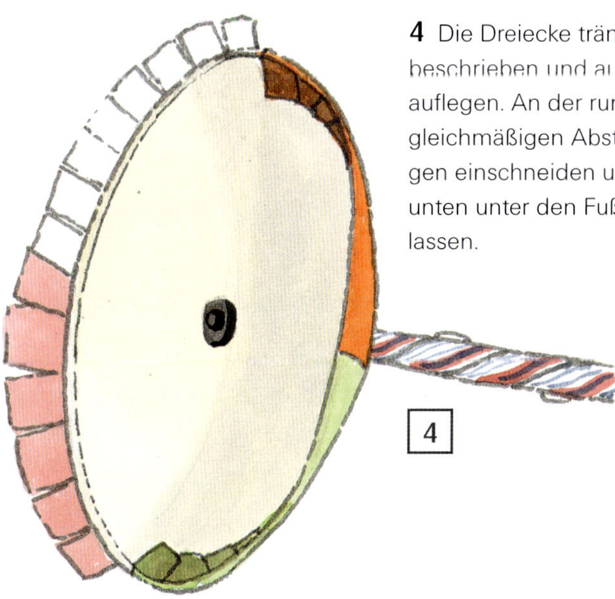

4

4 Die Dreiecke tränken wie in Schritt 1 beschrieben und auf den Lampenfuß auflegen. An der runden Außenseite in gleichmäßigen Abständen Einkerbungen einschneiden und den Stoff nach unten unter den Fuß umlegen. Trocknen lassen.

BUTTON-DOWN-SCHÜRZE

Mit dieser Schürze aus dem Vorderteil eines Hemdes wird das Kochen für Sie zum Vergnügen. Ob in femininem Rosa oder männlich blau kariert – nehmen Sie das größtmögliche Hemd, das zu finden ist, damit möglichst viel von Ihrer Kleidung abgedeckt wird und Sie den größten praktischen Nutzen daraus ziehen.

MATERIAL

- Ein großes Hemd mit Button-down-Kragen
- Passendes Nähgarn
- 1,5 m weißes Baumwollband

WERKZEUG

- Maßband
- Schneiderkreide
- Schneiderschere
- Nähmaschine
- Stecknadeln
- Nähnadel

ANLEITUNG

1 Das geschlossene Hemd flach hinlegen, auf der Vorderseite 20 cm vom Halsansatz abwärts messen und dann rechts und links von der Mitte der Knopfleiste jeweils 12 cm abmessen und beidseitig mit Schneiderkreide anzeichnen. Diese Punkte markieren den Latz der Schürze. Auf beiden Seiten vom Hals aus durch die Markierungen hindurch bis zur Seitennaht eine geschwungene Linie anzeichnen und entlang dieser Linie durch Vorder- und Rückseite des Hemdes schneiden, um die Ärmel zu entfernen.

1

2

2 Das Hemd umdrehen und auf der Rückseite zwei waagerechte Linien markieren: 2 cm und 43 cm unterhalb des Kragens. Den Stoff der Rückseite zwischen diesen beiden Linien entfernen. Den Rest der Rückseite von unten an in der Mitte aufschneiden, dann das Hemd aufklappen. Die Kante am Kragen je 1 cm breit doppelt einschlagen, stecken, heften, nähen. Am oberen Schürzenende bleibt nur der Kragen. Alle unversäuberten Schnittkanten je 1 cm breit doppelt einschlagen, stecken, heften, nähen. Darüber nun von rechts steppen, um ein Aufrollen der Kanten zu verhindern.

3 Zweimal 75 cm weißes Baumwollband zuschneiden. Jeweils eine Seite umschlagen und als Schürzenbindebänder an den oberen Ecken auf der Rückseite der Schürze feststecken, dann nähen.

TIPP

Wählen Sie für die Schürze ein Hemd, das sich ohne Weiteres oft waschen lässt, am besten ein Baumwollhemd.

PATCHWORKSTUHL IM MUSTERMIX

In diesem Projekt sind wunderschön gemusterte Hemden zu einem umwerfenden Stuhlbezug geworden. Der Stuhl war ursprünglich mit einem ausgewaschenen lachsrosafarbenen Stoff bezogen, der stark an die Miederwaren älterer Damen erinnerte! Das gute Stück hat durch die Umwandlung enorm gewonnen. Wenn Sie nicht gerade daran arbeiten, sich in der gehobenen Kunst der Polsterei zu profilieren, sollten Sie dieses Projekt nicht ausgerechnet an einem Stuhl ausprobieren, der schon kurz vor dem Zusammenbruch steht. Wenn es tatsächlich nur der Bezug ist, der sich in Wohlgefallen auflöst, dann ist dieses Projekt das Richtige.

MATERIAL

- Stoffreste von Hemden in verschiedenen Farben und Mustern
- Passendes Nähgarn
- Papier für Schablonen
- Polsternadeln
- Dekorative Polsternägel

WERKZEUG

- Spitzzange
- Stecknadeln
- Bleistift
- Papierschere
- Schneiderschere
- Nähmaschine
- Bügeleisen und Bügelbrett
- Kleiner Hammer

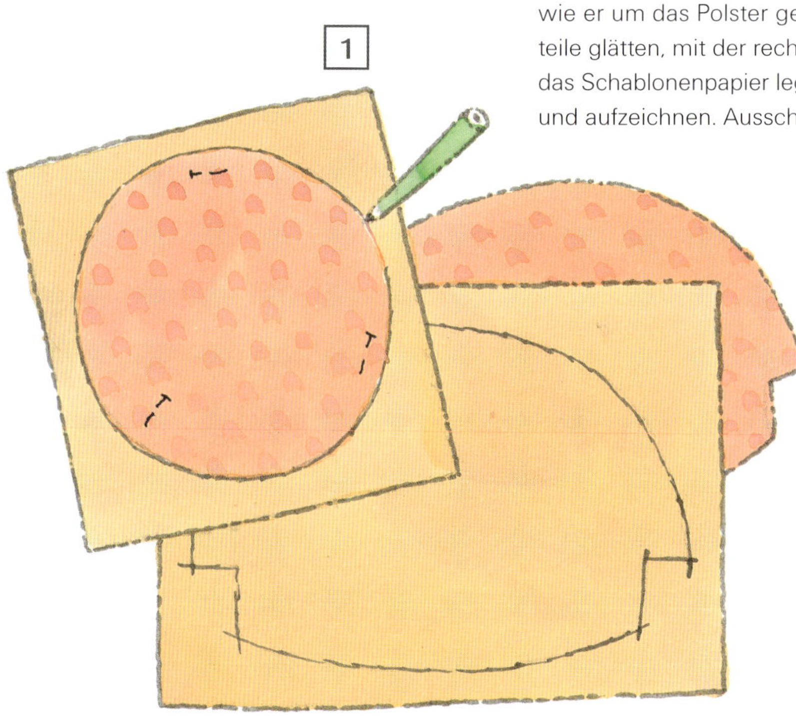

ANLEITUNG

1 Mithilfe der alten Bezüge Schablonen anfertigen: Mit einer Spitzzange alle Polsternadeln und -nägel entfernen. Den alten Stoff abnehmen, darauf achten, wie er um das Polster gelegt war. Stoffteile glätten, mit der rechten Seite auf das Schablonenpapier legen, feststecken und aufzeichnen. Ausschneiden.

2 Wählen Sie Ihre Stoffe aus. Vielleicht haben Sie auch nur sehr kleine Hemdenreste (z. B. eine Manschette), hier können Sie sie verwenden. Mit der Nähmaschine alle Knopflöcher mit Zickzackstich schließen und Flicken hinter alle Taschen nähen, bevor Sie anfangen. Jetzt einzelne Patchworkbereiche gestalten, indem Sie Rechtecke oder auch unregelmäßige Stoffteile mit der Nähmaschine aneinandernähen. Versuchen Sie, die kräftigeren Stoffe für die Kanten zu nehmen, da diese am meisten beansprucht werden. Alle Nähte flach bügeln.

2

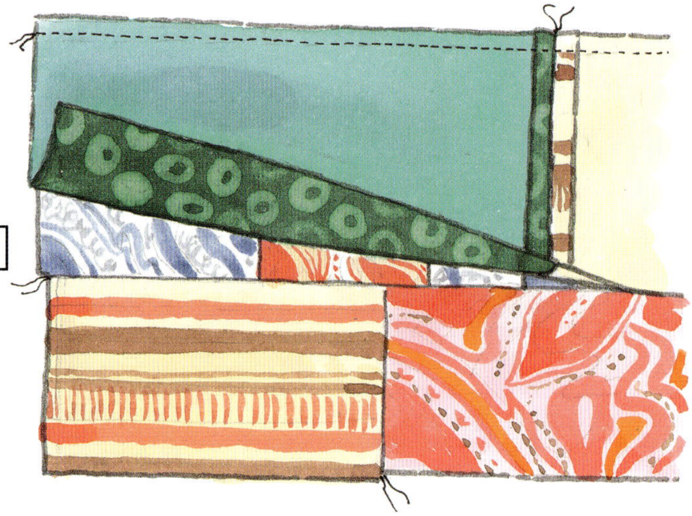

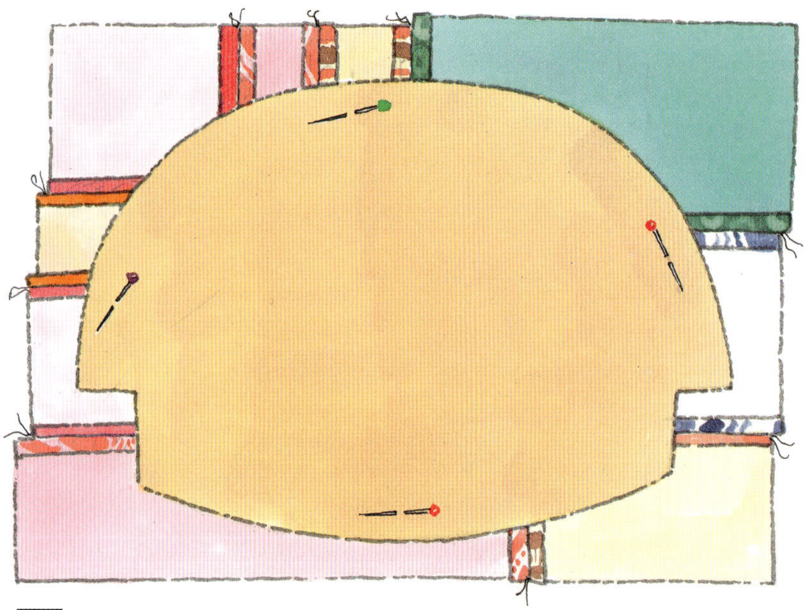

3

3 Die Papierschablonen auf Ihre Patchworknäharbeit auflegen, mit rundherum mindestens 5 cm Nahtzugabe feststecken. Alle Patchworkelemente auf den Stuhl legen, um zu sehen, wie sie harmonieren, und um sicherzugehen, dass Sie mit dem Gesamtdesign zufrieden sind, bevor Sie die einzelnen Teile ausschneiden.

4 Alle Einzelelemente auf dem Stuhl feststecken und dann mit Polsternadeln auf den Polstern befestigen. In der Mitte beginnen und nach außen arbeiten, dabei den Stoff immer wieder in Form ziehen. Etwa alle 3 cm eine Nadel stecken. Den Stoff so straff wie möglich ziehen, bevor Sie ihn feststecken. Wenn Sie sich von der Mitte aus zu einem Ende hin vorgearbeitet haben, fangen Sie wieder in der Mitte an und arbeiten zur anderen Seite.

4

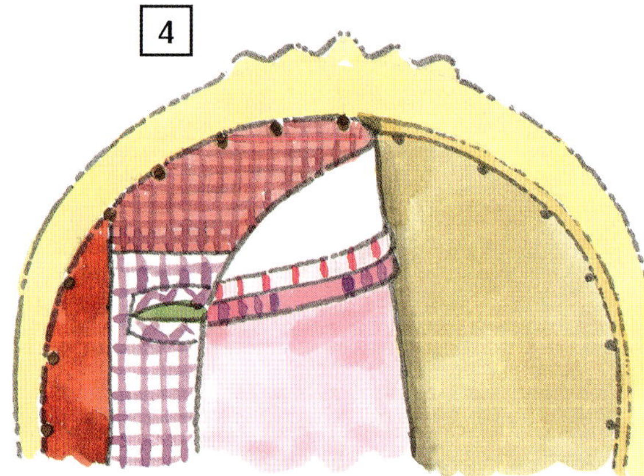

5 Diesen Vorgang zum Aufbringen aller Patchworkelemente wiederholen. Immer von der Mitte aus nach außen arbeiten, dann Nadeln erst in die eine, dann in die Gegenrichtung aufbringen, sodass der Stoff möglichst glatt gespannt wird, ohne Faltenbildung oder Verziehen. Zum Schluss mit dem Hammer die dekorativen Polsternägel entlang der Stuhlkanten einschlagen, wodurch die zuvor eingesteckten Polsternadeln abgedeckt werden.

5

TIPP

Möchten Sie einen sehr dünnen oder besonders feinen Hemdenstoff verwenden, können Sie diesen zuvor mit Bügeleinlage beschichten, um ihm mehr Festigkeit zu geben.

KRÄUTERKISSEN

Aus den Brusttaschen von Hemden lassen sich Kräuterkissen nähen, die Sie zwischen Ihre Kleidung oder Handtücher in den Schrank legen können. Mit natürlichen Insektenschutzmitteln wie Thymian, Eberraute, Beifuß, Gänsefingerkraut, Nelken oder Rosmarin können Sie Motten vertreiben. Oder Sie füllen die Kissen mit Lavendel, damit Ihre Bettwäsche lieblich duftet.

MATERIAL

- Baumwollhemden
- Passendes Nähgarn
- Getrockneter Lavendel oder andere getrocknete Kräuter (z. B. Thymian, Eberraute, Beifuß, Gänsefingerkraut, Nelken und Rosmarin)

WERKZEUG

- Nahttrenner
- Schneiderschere
- Bügeleisen und Bügelbrett
- Stecknadeln
- Nähmaschine

ANLEITUNG

1 Die Brusttasche vorsichtig vom Hemd lösen, die vorhandene Nahtzugabe ausklappen und flach bügeln, sodass eine Schablone von der Größe der Tasche plus Nahtzugabe entsteht. Das wird die Vorderseite des Kissens. Für die Rückseite die Tasche auf eine andere Stelle des Hemdes aufstecken und rundum ausschneiden.

2 Wenn Sie den Stoff noch verzieren möchten, schneiden Sie eine Knopfleiste zu, entweder vom gleichen Hemd oder von einem kontrastierenden. Die Knopfleiste mittig auf die Vorderseite stecken, heften und mit der Maschine aufnähen.

TIPP

Es gibt noch viele weitere Möglichkeiten, diese Kräuterkissen zu dekorieren. Sie können z. B. die Hemdknöpfe verwenden und an einer Kante festnähen oder damit ein Motiv auf das Kissen aufnähen (einen Stern oder ein Herz) oder Sie arbeiten eine Kragenspitze als Blickfang auf.

3 Die Stoffstücke für Vorder- und Rückseite rechts auf rechts aufeinanderlegen, stecken, heften und bis auf eine Wendeöffnung rundherum zunähen. Wenden, dann flach bügeln. Nun die Kissenhülle mit getrocknetem Lavendel oder einer Mischung aus den vorgeschlagenen Kräutern füllen. Ist das Kissen prall gefüllt, mit Überwendlichstichen von Hand zunähen.

KLAPPSTUHLBEZÜGE

Das ist ein großartiges Projekt, wenn Sie einige Hemden haben, die sich im Muster oder in den Farben ergänzen oder kontrastieren. Ich hatte das Glück, einige Hemden mit Blumenmustern in ähnlichen Farben zu finden, aber mit unterschiedlich großer Musterung, und dann noch einige gestreifte und karierte Hemden in den gleichen Farbkombinationen. Die gestreiften Hemden wurden für die Kantenpaspelierung verwendet.

MATERIAL

- 2 oder 3 Hemden mit Blumenmustern in ähnlichen Farbkombinationen, aber mit unterschiedlichem Design
- Passendes Nähgarn
- Papier für Schablonen
- Polstersitzkissen
- Kordel oder Band

WERKZEUG

- Maßband
- Bleistift
- Papierschere
- Stecknadeln
- Schneiderschere
- Nähnadel
- Nähmaschine
- Bügeleisen und Bügelbrett
- Schneiderkreide

ANLEITUNG

1 Lehne und Sitzfläche ausmessen und rundum 1 cm Nahtzugabe ergänzen. Mit diesen Maßen Papierschablonen anfertigen. Entscheiden Sie, welches Hemd Sie für welchen Teil der Bezüge nehmen möchten. Legen Sie das größte Hemd für die Sitzfläche beiseite. Der Bezug für die Lehne sollte sich aus dem Ärmel eines Hemdes fertigen lassen. Stecken Sie die Schablone auf, die Ärmelnaht bildet die Oberkante des Lehnenbezugs.

TIPP

Kanten lassen sich wunderbar mit Schrägband aus kontrastierendem Stoff versäubern. Schräg geschnittene Stoffe sind geschmeidig und können daher sowohl für gerade Kanten als auch für gerundete verwendet werden.

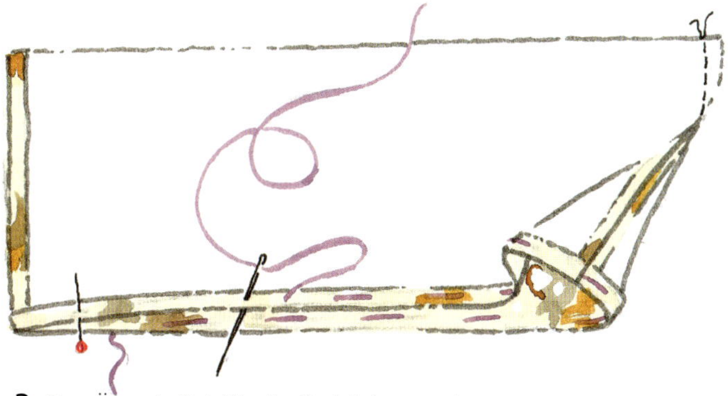

2

2 Das Ärmelstück für die Stuhllehne rechts auf rechts legen, mit 1 cm Nahtzugabe stecken, heften und mit der Maschine die beiden kurzen Seiten schließen. Die Nähte flach bügeln. Den Bezug auf rechts wenden und über die Lehne ziehen, um die Passform zu überprüfen. Wieder abnehmen und die untere Kante rundum jeweils 5 mm doppelt einschlagen. Zum Versäubern die Kante stecken, heften und mit der Nähmaschine steppen.

3

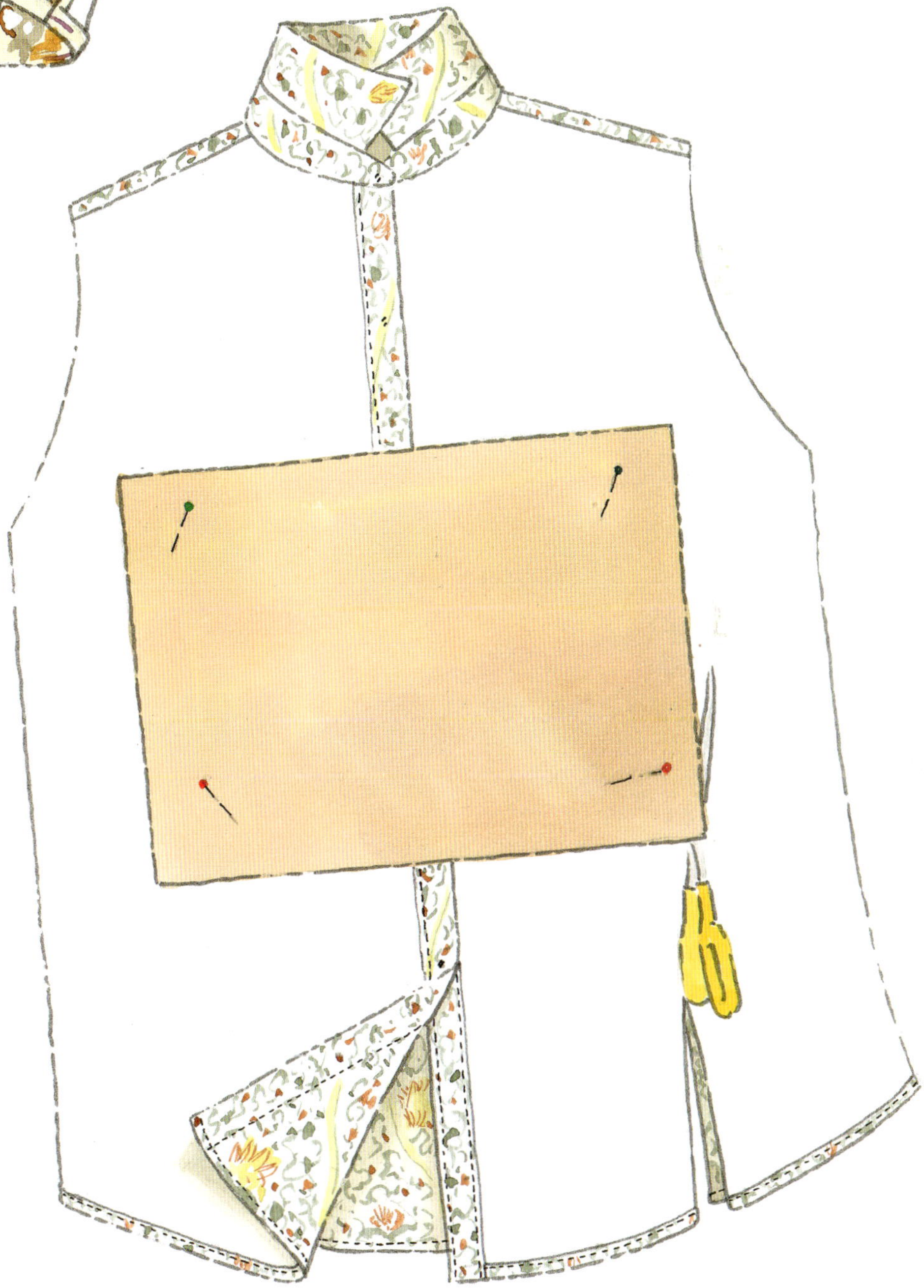

3 Die Papierschablone für die Sitzfläche auf die Vorderseite des entsprechenden Hemdes stecken, dabei darauf achten, dass die Öffnung der Knopfleiste in der Mitte liegt, damit Sie später das Polstersitzkissen hineinstecken können. Durch beide Hemdseiten hindurch Ober- und Unterseite des Sitzkissens ausschneiden. Für die Rüschen des Kissens ein 12 cm breites Hemdstück in folgender Länge zuschneiden: die Länge der Vorderkante des Kissens plus zweimal die Länge der Seitenkante des Kissens und zusätzlich noch einmal die halbe Gesamtlänge.

4 Aus einem Hemd mit kontrastierendem Muster Schrägband anfertigen. Dafür das untere Ende des Hemdes zur Seite hochfalten und entlang dieser diagonalen Linie schneiden. Eine zweite Linie parallel zur Schnittkante in 2 cm Abstand aufzeichnen, den Streifen ausschneiden. So oft wiederholen, bis Sie genug Schrägstreifen für das Projekt zur Verfügung haben. Die Streifen mit diagonalen Nähten aneinandernähen. Flach bügeln.

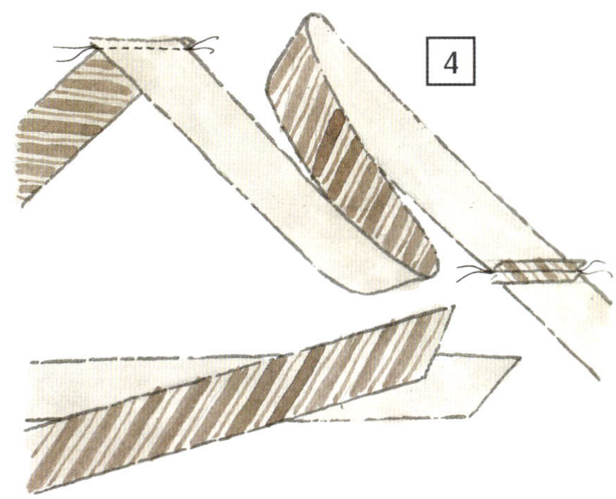

5 Das Schrägband mit der halben Breite auf ein Stoffteil für die Sitzfläche links auf rechts legen. Stecken, heften, mit der Maschine nähen. Das Schrägband als Paspel um die Seiten- und die Vorderkante des Sitzflächenoberteils umschlagen, so werden die unversäuberten Kanten abgedeckt. Ausrichten, feststecken. An den Ecken kleine Einschnitte in die Nahtzugabe des Schrägbandes machen, um das Band sauber einschlagen zu können.

6 Für die Bindebänder zwei Stoffstreifen von 3 x 40 cm aus einem kontrastierenden Hemd zuschneiden. Alle unversäuberten Schnittkanten 5 mm einschlagen, stecken, heften und nähen. Beide Bänder zur Hälfte falten, mit 4 cm Abstand von den Ecken hinten am Bezug feststecken und heften.

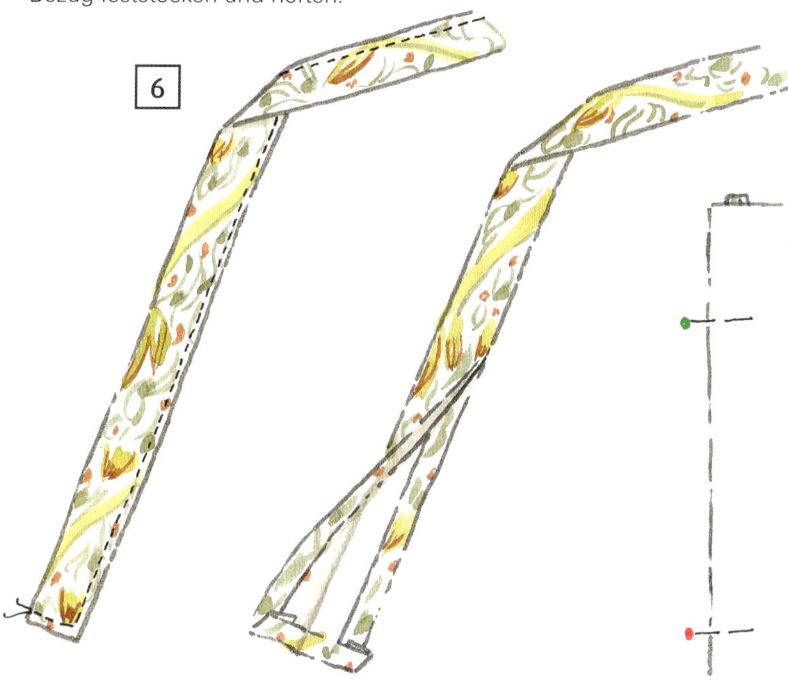
6

8 Aufknöpfen, die Kissenunterseite rechts auf rechts auf die Oberseite legen. Rüschen, Bindebänder und Paspel befinden sich jetzt zwischen Ober- und Unterseite des Kissens. Alle vier Seiten stecken, heften, nähen, darauf achten, nicht auf die Paspel zu nähen. Den Bezug auf rechts wenden, das Polster hineinstecken, die Knöpfe wieder schließen. Das Kissen auf den Stuhl legen, festbinden und auch den Bezug der Rückenlehne aufziehen.

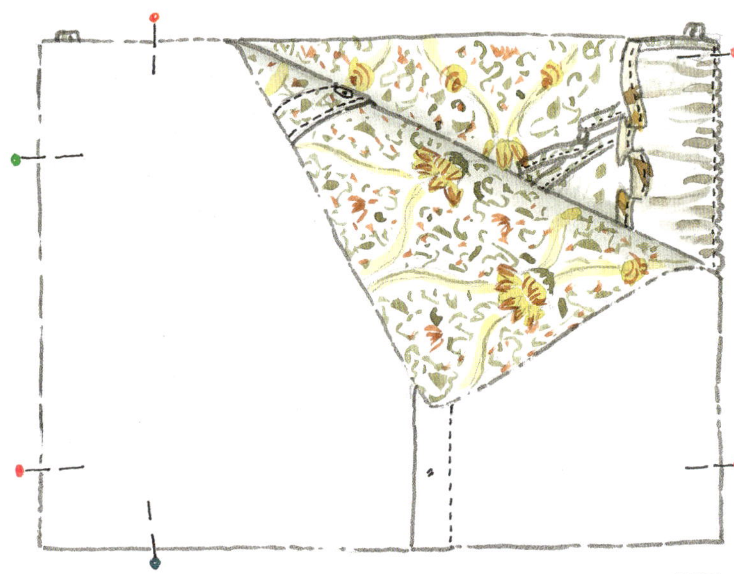
8

7 Eine lange und die beiden kurzen Kanten des Zuschnitts für die Rüschen versäubern. Dafür die Schnittkanten jeweils 2 mm doppelt einschlagen, stecken, heften und mit der Maschine nähen. Dann von Hand die verbleibende Kante des Rüschenzuschnitts locker heften, die Rüschen zusammenziehen und rechts gegen rechts entlang der beiden Seitenkanten und der Vorderkante der Kissenoberseite oberhalb der Paspel feststecken, dann heften und nähen.

7

KAFFEEWÄRMER

Die hier gezeigte warme Jacke für einen Kaffeebereiter wurde aus zwei verschiedenfarbigen Hemden genäht, sie ist doppelseitig verwendbar, sozusagen eine Wendejacke. Da auf beiden Seiten ein Klettverschluss angebracht ist, lässt sie sich auch leicht befestigen. Stellen Sie sicher, dass das verwendete Hemd aus Baumwolle und maschinenwaschbar ist.

MATERIAL

- 2 Baumwollhemden in Leinenbindung
- Passendes Nähgarn
- Klettverschluss
- Wattierung oder dickere Bügeleinlage (Volumenvlies)
- Papier für Schablonen

WERKZEUG

- Maßband
- Bleistift
- Papierschere
- Nähmaschine
- Schneiderschere
- Bügeleisen und Bügelbrett
- Nähnadel

ANLEITUNG

1 Den Umfang des Kaffeebereiters messen, 2 cm für die Befestigung und 1 cm Nahtzugabe hinzurechnen. Die Höhe des Behälters von unterhalb des Ausgießers bis zum Boden des Glaskörpers messen. 1 cm Nahtzugabe hinzurechnen.

2 Ein Rechteck mit diesen Abmessungen auf Papier zeichnen, ausschneiden und um den Kaffeebereiter herumwickeln. Es wird überall zu groß sein. Die Papierschablone in der Mitte über die Länge falten und in der Mitte einen v-förmigen, 2,5 cm tiefen Ausschnitt schneiden. Das V sollte etwa 5 cm breit sein. An allen vier Ecken des Rechtecks je einen halben Halbkreis (also einen Viertelkreisumfang) von 2,5 cm Tiefe und 5 cm Breite abschneiden.

3 Die Schablone um den Kaffeebereiter wickeln und alle erforderlichen Anpassungen vornehmen.

TIPP
Nach dem gleichen Prinzip lassen sich auch Warmhalter für Becher, Krüge oder Milchkännchen anfertigen.

5 Den v-förmigen Ausschnitt und die Ecken zurechtschneiden, überflüssigen Stoff abschneiden. Den Wärmer umkrempeln auf rechts und die unversäuberten Kanten an der offenen Seite einlegen. Mit einem Bügeleisen flach bügeln und den Kaffeewärmer rundum 3 mm vom Rand durch alle Stofflagen steppen.

6 Den Klettverschluss so aufstecken und heften, dass die weichere Seite auf eine der kurzen Seiten des einen Stoffs kommt und die rauere Seite auf die Rückseite des anderen Stoffes am gegenüberliegenden Ende des Wärmers. Den Wärmer um den Kaffeebereiter herumlegen, den Klettverschluss zusammenpressen und die Passform prüfen. Den Klettverschluss mit der Nähmaschine feststeppen.

4 Mithilfe der Schablone den Außen- und den Innenstoff sowie die Wattierung zuschneiden. Die Wattierung auf die linke Seite des Außenstoffes legen und an allen Kanten entlang feststeppen. Den Zuschnitt des Innenstoffs mit der Nähmaschine rechts auf rechts auf den Außenstoff nähen, eine kurze Seite offen lassen.

SCHLAPPOHR-HASE

Dieses Hasenmädchen wurde aus einem sehr hellen Leinenhemd genäht. Es hat lange Schlappohren und trägt eine rot karierte Hose, eine gestreifte Bluse und gestreifte Manschetten. Für die Kleidung habe ich zwei gemusterte Hemden verwendet. So niedlich das Hasenmädchen auch ist, es ist nicht als Spielzeug für ganz kleine Kinder gedacht – schon allein wegen der Knöpfe.

MATERIAL

- Ein Leinenhemd
- 2 gemusterte Hemden
- Passendes Nähgarn
- Papier für Schablonen
- 4 auffallende Hemdknöpfe (für die Manschetten und die Bluse)
- 2 kleinere Hemdknöpfe (für die Augen)
- Füllwatte
- 20 cm Gummiband, 5 mm breit (für die Hose)

WERKZEUG

- Bleistift
- Papierschere
- Stecknadeln
- Schneiderschere
- Nähmaschine
- Nähnadel
- Bügeleisen und Bügelbrett

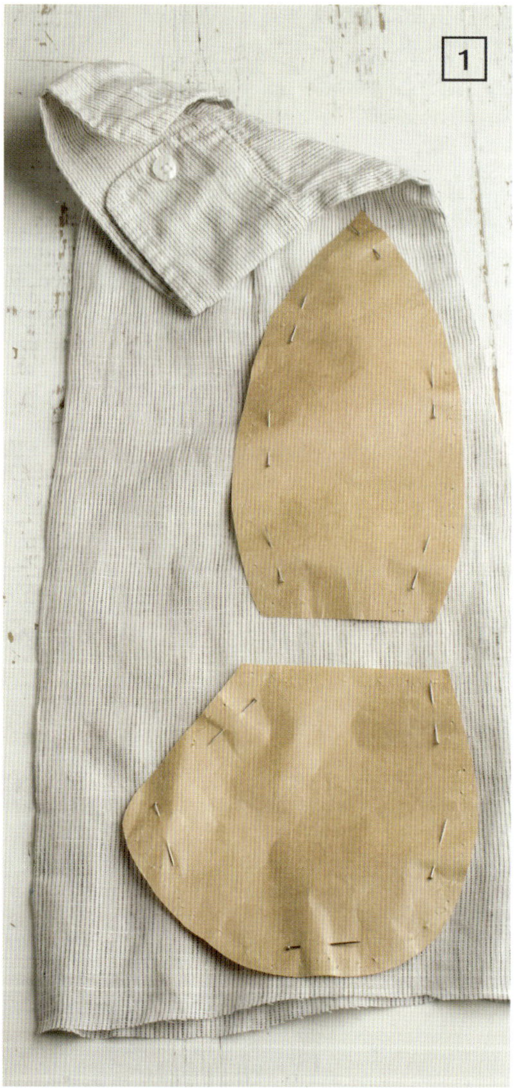

ANLEITUNG

1 Mithilfe der Vorlagen auf Seite 140 Papierschablonen anfertigen, mit diesen dann viermal die Ohren und zweimal den Kopf aus einem Leinenhemd ausschneiden. Für die Beine und die Arme jeweils zwei Rechtecke von 14 x 24 cm, für den Körper zwei Rechtecke von 13 x 21 cm zuschneiden.

2 Die beiden Teile für den Kopf rechts auf rechts aufeinanderlegen, stecken, heften, mit der Maschine nähen, das untere Ende offen lassen. Auf rechts wenden, flach bügeln. Die Rechtecke für die Beine der Länge nach zur Hälfte falten, dann rechts auf rechts stecken, heften. Mit der Maschine die lange und eine kurze Seite zunähen, dabei an der kurzen Seite eine Rundung für den Fuß formen. Eine kurze Seite bleibt offen. Stoffüberstände abschneiden, ggf. versäubern. Auf rechts wenden, flach bügeln. Ebenso die Arme fertigen. Kopf, Arme und Beine mit Füllwatte ausstopfen.

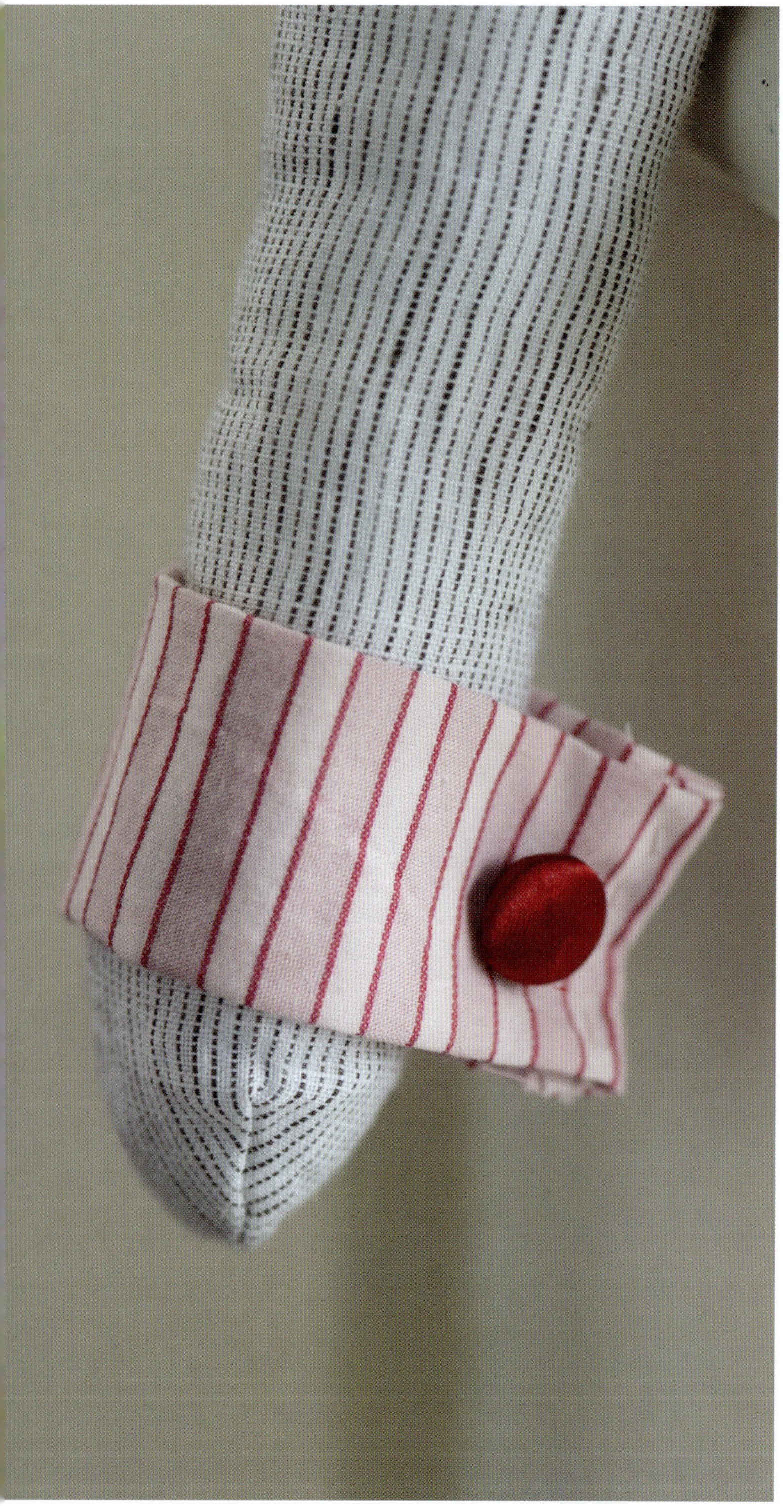

3 Die offenen Enden der Arme rechts auf rechts am hinteren Körperteil feststecken und heften, ebenso die Beine. Das vordere Körperteil rechts auf rechts auf das hintere stecken und heften, Arme und Beine liegen jeweils zwischen den Körperteilen. Rundum steppen, nur die Kante am Hals auslassen. Auf rechts wenden, damit Arme und Beine wieder nach außen hängen. Körper ausstopfen.

4 Entlang der Halskante des Kopfes locker heften, Faden vorsichtig stramm ziehen, sodass die Öffnung fast geschlossen wird. Vorder- und Rückseite der Ohren jeweils rechts auf rechts zusammennähen, unten offen lassen. Auf rechts wenden, unversäuberte Kanten einschlagen, mit Überwendlichstichen schließen, flach bügeln. Eine kleine Falte unten an den Ohren einlegen. Feststecken, dann mit Überwendlichstichen am Kopf festnähen.

7 Für die Hose zwei Stücke von 32 x 19 cm aus dem zweiten gemusterten Hemd ausschneiden. Für die Beine die Ausschnitte der Länge nach falten und entlang der Falte einschneiden, 10 cm ohne Einschnitt lassen. Die beiden Teile rechts auf rechts stecken, heften und steppen, wenden. Den oberen Rand der Hose einlegen und einen 1 cm breiten Tunnelzug für das Gummiband stecken, heften, nähen. Dem Hasen die Hose anziehen, Passform prüfen, die Hosenbeine als Umschlag umklappen.

8 Für den Schal aus dem Hemd für die Hose ein Stück von 35 x 3 cm zuschneiden. Über die Länge rechts auf rechts zur Hälfte falten, stecken, heften und eine lange und eine kurze Seite steppen. Wenden, die Öffnung mit Überwendlichstichen schließen.

5 Den Kopf von Hand an den Körper nähen. Zwei Knöpfe als Augen anbringen. Die Bluse nach der Anleitung für das Nachthemd des Teddys (s. S. 24–25) arbeiten, dabei der Größe des Hasen anpassen.

6 Für die Manschetten jeweils aus kontrastierendem Stoff zwei Stücke von 20 x 7 cm zuschneiden. Über die Längsseite rechts auf rechts zur Hälfte falten, stecken, heften und eine kurze und die offene lange Seite zunähen. Auf rechts wenden, flach bügeln und mit Überwendlichstichen die letzte Öffnung schließen. Manschette um den Hasenarm herumlegen und feststecken. Damit die Manschette am Hasenarm hält, einen Knopf durch die Enden nähen.

STRANDTASCHE

Dieses farbenprächtige Blumenhemd mit glitzernden Knöpfen musste ich einfach verarbeiten! Dann fand ich auch noch ein weißes Seidenhemd mit leuchtendem Fischdesign – das perfekte Futter für diese Strandtasche. Beachten Sie, dass die Größe Ihrer Tasche durch die Hemdgröße vorgegeben ist, also je größer das Hemd, desto besser!

MATERIAL

- 2 Hemden in möglichst wagemutigem Design, mit Taschen
- Passendes Nähgarn

WERKZEUG

- Nahttrenner
- Schneiderschere
- Maßband
- Nähmaschine

ANLEITUNG

1 Vom Hemd für die Außenseite der Tasche die Brusttasche abtrennen und beiseitelegen. Das Hemd der Länge nach einmal so in der Mitte zur Hemdrückseite falten, dass die beiden Seitennähte aufeinanderliegen. Das Hemd waagerecht auf Höhe des unteren Ärmelansatzes durchschneiden. Den oberen Teil des Hemdes mit den Ärmeln entfernen.

2 Den Hemdausschnitt um 90 Grad drehen, sodass die beiden Teile der Knopfleiste jetzt den oberen Rand der künftigen Strandtasche bilden. Aus diesen Stoffteilen zwei Rechtecke von 42 x 35 cm ausschneiden. Soll die Tasche größer werden, die Rechtecke größer zuschneiden und die anderen Teile entsprechend anpassen.

TIPP

Soll die Tasche eine Innentasche haben, vor dem Zusammensteppen von Außenstoff und Futter eine Hemdtasche auf die rechte Seite des Futters nähen.

3 Die abgetrennte Brusttasche auf die rechte Seite eines der beiden Stoffteile stecken, heften und nähen. Beide Stoffteile rechts auf rechts aufeinanderlegen, stecken, heften, die beiden Seiten und die untere Kante nähen. Die obere Kante bilden die beiden Knopfleisten.

3

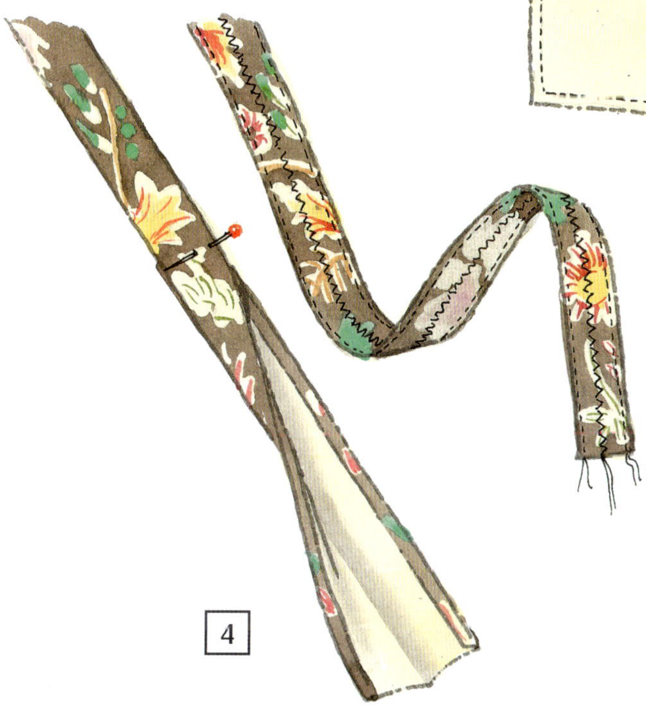

4

4 Zwei Streifen aus demselben Hemd von 8 x 65 cm zuschneiden – ggf. mehrere Stücke aneinandernähen, um die nötige Länge zu erhalten. Die Streifen der Länge nach in der Mitte falten und die langen Seiten je 1 cm nach innen umlegen. Flach bügeln. Auf beiden Seiten gerade herunternähen, dann in der Mitte mit Zickzackstich herunternähen. Die Henkel an die Tasche stecken, dann feststeppen. Zur Verstärkung mehrfach über Kreuz über die Henkelansätze steppen.

5 Für das Futter ebenso aus dem zweiten Hemd eine Tasche anfertigen, aber ohne Knopfleiste. Am oberen Ende 2 cm beim Zuschnitt zugeben, sodass Sie die Schnittkanten umlegen können. Das Futter in die Tasche stecken und mit Blindstich festnähen.

5

KISSEN IM STIL DER FÜNFZIGERJAHRE

Ein solches Kissen habe ich auf einem Flohmarkt entdeckt. Es hat mich so inspiriert, dass ich beschloss, eines oder zwei davon für dieses Buch zu entwerfen. Das ist eine tolle Möglichkeit, Hemden mit veraltetem Design aufzuarbeiten. Ich habe nur jeweils zwei verschiedene Hemden für die Kissen verwendet, aber hier sind Ihnen wirklich keine Grenzen gesetzt.

MATERIAL

- 2 Hemden
- Passendes Nähgarn
- Papier für Schablonen
- Ein großer Knopf
- Kissenfüllung
- Klebstoff

WERKZEUG

- Maßband
- Papierschere
- Bleistift
- Nähnadel
- Stecknadeln
- Schneiderschere
- Nähmaschine

WATCHING ME, WATCHING YOU FAY WELDON
THE FAT WOMAN'S JOKE FAY WELDON
FAY WELDON THE PRESIDENT'S CHILD
PRAXIS FAY WELDON

ANLEITUNG

1 Aus Papier zwei Quadrate mit den Maßen Ihrer Kissenfüllung zuzüglich rundherum 1 cm Nahtzugabe ausschneiden.

2 Das eine Quadrat als Schablone für die Kissenrückseite beiseitelegen. Für die Schablone der Vorderseite auf dem anderen Quadrat rundherum mit Bleistift die Nahtzugabe aufzeichnen. Das Papier in gleich große Viertel falten und ausschneiden. Sie haben jetzt vier kleine Quadrate. Ein Quadrat diagonal zur Hälfte falten und durchschneiden. Jetzt haben Sie ein Dreieck, dieses auf ein Stück Papier kleben, an der langen Kante 1 cm Nahtzugabe anzeichnen und das Dreieck mit der Nahtzugabe ausschneiden.

3 Mithilfe der zweiten quadratischen Schablone das Stück für die Rückseite aus einem Hemd ausschneiden. Vier Dreiecke mit der Dreieckschablone aus demselben Hemd und vier weitere aus dem zweiten Hemd schneiden.

4 Rechts auf rechts jeweils zwei dreieckige Stoffstücke mit unterschiedlichem Design an der längsten Seite zusammenstecken, -heften und -nähen. Diese vier Quadrate wieder zu einem großen Quadrat mit den Abmessungen der Kissenrückseite zusammennähen.

5 Die Rückseite des Kissenbezugs rechts auf rechts auf die Vorderseite legen, feststecken und heften. Dann drei Seiten und die vierte Seite etwa zur Hälfte zusteppen. Den Kissenbezug auf rechts wenden. Die Kissenfüllung in den Bezug stecken und die Öffnung mit Überwendlichstichen schließen.

6 Den großen Knopf in der Kissenmitte durch das gesamte Kissen hindurch festnähen und dabei den Faden stramm ziehen.

BROTKORB

Dieser doppelseitige Brotkorb wurde aus zwei ganz unterschiedlichen Hemden gefertigt. Ein Volumenvlies verstärkt den Stoff, sodass der Korb nicht in sich zusammenfallen kann. Die gerundeten Nähte müssen sorgfältig gearbeitet werden, damit die Nahtzugabe rundherum gleich groß bleibt. Es empfiehlt sich, die Nahtzugabe in regelmäßigen Abständen mit kleinen v-förmigen Einschnitten zu versehen, damit sie flach gebügelt werden kann und alles sauber abschließt.

MATERIAL

- Ein geblümtes Hemd
- Ein Denim-Hemd
- Passendes Nähgarn
- Papier für Schablonen
- 50 cm Volumenvlies zum Aufbügeln

WERKZEUG

- Zirkel oder Teller, um einen Kreis zu zeichnen
- Bleistift
- Lineal
- Maßband
- Papierschere
- Nahttrenner
- Stecknadeln
- Schneiderschere
- Nähmaschine
- Bügeleisen und Bügelbrett

SCHABLONEN ANFERTIGEN

1 Mit dem Zirkel einen Kreis mit 22,5 cm Durchmesser auf das Schablonenpapier zeichnen. Oder mit einem Tellerumriss die von Ihnen gewählte Größe aufzeichnen. Den Kreis ausschneiden.

2 Kreisumfang berechnen: Dazu den Durchmesser mit Pi (= 3,142) multiplizieren. Oder den Kreis zweimal jeweils in der Mitte falten, sodass Sie Viertel erhalten, ein Viertel ausmessen und mit 4 multiplizieren. Dann 2 cm Nahtzugabe ergänzen. Diese Abmessungen entsprechen der Länge des Streifens aus Hemdenstoff, den Sie für die Seitenfläche des Brotkorbs benötigen. Bei 22,5 cm Durchmesser beträgt der Umfang 70,5 cm plus 2 cm Nahtzugabe = 72,5 cm. Die Höhe des hier abgebildeten Zylinders beträgt 17 cm inklusive Nahtzugabe. Die Schablone für die Seiten des Brotkorbs also entsprechend mit 72,5 x 17 cm zuschneiden.

ANLEITUNG

1 Wenn Sie ein figurbetontes Hemd wie das hier gezeigte Blümchenhemd verarbeiten wollen, trennen Sie zunächst die Abnäher in der Taille auf.

1

2 Denim-Hemd: Die Schablonen auf dem Hemd feststecken, um sicherzugehen, dass der Stoff ausreicht. Reicht die Länge nicht, um ein ausreichend langes Stück für die Seiten des Zylinders zuzuschneiden, zwei Streifen aneinandernähen, dabei auf ausreichende Nahtzugabe achten.

3 Um die Kreisschablone für den Boden großzügig ein Stoffquadrat zuschneiden. Die Schablone entfernen und gemäß Herstellerangaben das Volumenvlies auf die linke Seite des Denims aufbügeln. Die Kreisschablone wieder auf den Denim stecken und den Boden ausschneiden.

4 Den Streifen für die Seiten des Brotkorbs aus Denim ausschneiden und ebenfalls auf der linken Seite mit Volumenvlies verstärken.

5 Die beiden Enden des Streifens rechts auf rechts mit 1 cm Nahtzugabe stecken, dann zusammennähen. Die Nahtzugaben auseinanderbügeln.

6 Rechts auf rechts den kreisförmigen Boden an eine Seite des Streifens stecken. Die Stecknadeln in regelmäßigen Abständen im rechten Winkel zur Kante setzen. Zusammenheften, dann mit der Maschine mit 1 cm Nahtzugabe nähen, dabei den Stoff sorgfältig um die Kurven führen. In regelmäßigen Abständen die Nahtzugabe v-förmig einschneiden und flach drücken.

7 Geblümtes Hemd: Schritte 2 bis 6 für einen zweiten Korb wiederholen.

8 Den geblümten Korb links auf links in den Denim-Korb stecken. Die unversäuberten Schnittkanten beider Körbe 1 cm nach innen umschlagen, dann die beiden Körbe mit einer gemeinsamen Steppnaht entlang der oberen Kante zusammennähen. Die obere Kante des fertigen Brotkorbs umschlagen.

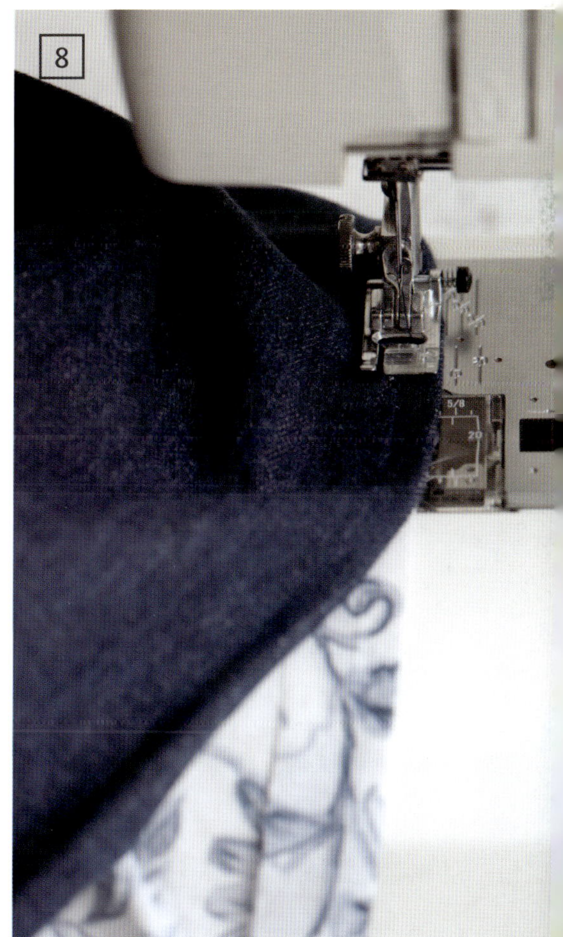

OUTDOORHEMDEN

Unter den Begriff Outdoorhemden fallen hier die ursprünglichen Arbeitshemden und warme Freizeithemden für Aktivitäten im Freien. Outdoorhemden werden häufig aus Flanell oder Tartan gefertigt und sind dann bekannt als Holzfällerhemden. Sie sind ausgesprochen haltbar, bequem und zweckmäßig. Als Arbeitshemden müssen sie seit jeher wind- und regenfest sein und auch sonst jedem Wetter trotzen. Tartan ist ein sehr dicht gewebter Stoff, der überaus strapazierfähig ist. Wolle ist ein natürlicher Nässeschutz und außerdem sehr warm. Von Tartan spricht man, wenn die Wolle für ein Kleidungsstück mit Köperbindung verwoben ist. Eine Köperbindung entsteht, wenn der Schuss beim Weben über zwei und unter zwei Kettfäden hinweggeht. Dadurch entsteht eine diagonale Musterverlagerung.

Die New York Times berichtete, dass nach dem 11. September 2001 zahlreiche New Yorker Bürger anfingen, Tartanhemden zu tragen, vermutlich um in ihrer Verzweiflung neuen Halt in etwas Vertrautem und Geliebtem zu finden. Die Tartanhemden bieten Schutz und Wärme.

Denim ist ein weiterer Stoff, der traditionell für Arbeitshemden verwendet wird. Denim war einst den Cowboys vorbehalten, die ihn auch heute noch völlig unbehandelt tragen, sodass er, wenn neu, fest und steif ist. Sowohl Denim- als auch Karohemden sind mittlerweile zu wichtigen Modeartikeln geworden. Aber die echten Cowboyhemden können immer noch daran erkannt werden, dass sie ohne Saum gearbeitet werden, um unnötige Abnutzung durch den Sattel zu vermeiden.

Ich habe mir die enorme Strapazierfähigkeit der Arbeitshemden zunutze gemacht, als ich den Ordnungshelfer für den Garten aus einem mit Köperbindung gewebten Fischerhemd und einigen groß karierten Hemden genäht habe (s. S. 100–103). Im Gegensatz dazu steht die schicke Dokumentenmappe aus klein kariertem Schottenstoff in kontrastierenden Farben (s. S. 110–113).

Auch Cord ist überaus widerstandsfähig und wird gern für Outdoorhemden verwendet. Für den Klammerbeutel (s. S. 96–99) und die stylischen Tischsets (s. S. 104–107) waren Cordhemden besonders gut geeignet.

TÜRSTOPPER-EULE

Holzfällerhemden mit den auffälligen Karos boten sich für dieses Projekt geradezu an. Daneben werden noch einige Kragenspitzen anderer Hemden gebraucht. Sogar der Schnabel der Eule wurde aus einer Kragenspitze gestaltet. Als Füllung habe ich Reis verwendet, er ist gut formbar und schwer genug für diesen Zweck. Natürlich lassen sich auch andere Körner oder Sand einfüllen.

MATERIAL

- Ein Holzfällerhemd für den Körper plus Manschetten eines weiteren Hemdes
- 26 Kragenspitzen (darunter zwei gelbe für die Füße)
- Passendes Nähgarn
- Filz in Weiß (für die Augen)
- 2 abgeflachte und 2 sehr kleine Perlen
- Tapisseriewolle in Gelb
- Papier für Schablonen
- Großpackung Reis

WERKZEUG

- Bleistift
- Papierschere
- Schneiderschere
- Nähnadel
- Sticknadel mit Spitze
- Nähmaschine

1

ANLEITUNG

1 Zwei Zuschnitte für den Körper und einen für die Standfläche anfertigen (Vorlagen s. S. 136–137). Fünf Kragenspitzen bogenförmig auf halber Höhe auf dem Stoff für den Körper anordnen: Die erste in die Mitte legen, die weiteren rechts und links überlappend. Stecken, heften und feststeppen. Dann mit Zickzackstich übernähen. Die „Federn" hochklappen und eine zweite Reihe Kragenspitzen versetzt anbringen. Fortfahren, bis das Vorderteil der Eule bis unten bedeckt ist.

2 Für den Schnabel eine Kragenspitze zurechtschneiden, feststecken und mit Zickzackstich festnähen. Für die Augen zwei Kreise aus weißem Filz ausschneiden. Dann eine flache Perle in die Mitte des Filzkreises und darauf noch eine sehr kleine Perle nähen. Die Augen auf die Eule stecken und mit spitzer Sticknadel und Tapisseriewolle befestigen.

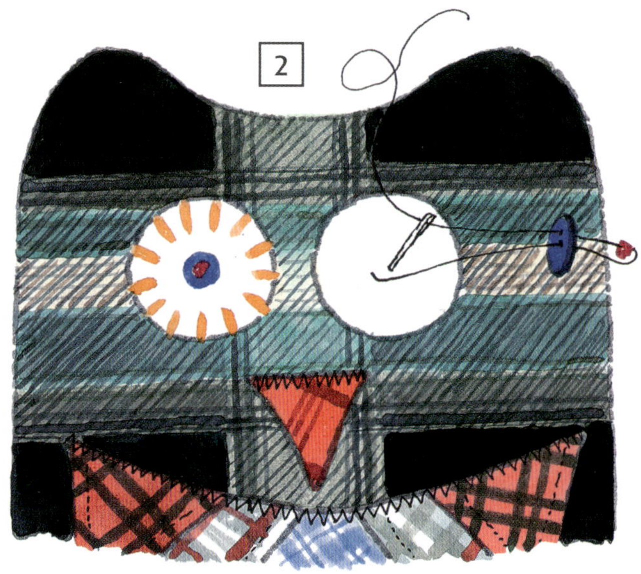

TIPP

Wenn Sie genug verschiedene Hemdkragen zusammenbekommen, können Sie die Rückseite der Eule ebenso gestalten wie die Vorderseite.

3

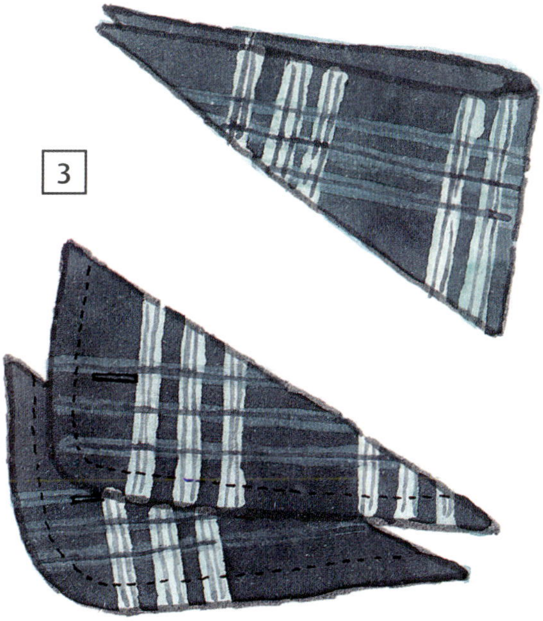

3 Jetzt für die Flügel eine Manschette von einem weiteren Hemd abtrennen und den Knopf entfernen. Die Manschette in der Mitte falten und diagonal so durchschneiden, dass zwei geschwungene Teile entstehen. Die Flügel auf der rechten Stoffseite des Vorderteils der Eule beidseitig feststecken und heften, dabei die Schnittkanten der Flügel an den Kanten des Körpers ausrichten. Dann die beiden gelben Kragenspitzen aufwärts zeigend unten mittig auf die rechte Stoffseite des Vorderteils stecken und heften.

4 Vorder- und Rückseite der Eule rechts auf rechts – mit dazwischenliegenden Flügeln – stecken und heften. Den Zuschnitt für die Standfläche zur Hälfte rechts auf rechts am Vorderteil feststecken und heften, dabei die Füße dazwischenlegen und mitfassen. Alle gehefteten Nähte bis auf ein kleines Stück unten am Rücken mit der Maschine steppen. Die Eule auf rechts wenden und mit Reis füllen. Die unversäuberten Schnittkanten einschlagen, feststecken und von Hand die restliche Öffnung der Unterseite am Rückenteil festnähen.

4

KLAMMERBEUTEL

Cord ist robust und dicht gewebt und somit ideal für einen Klammerbeutel, der einiges aushalten muss. Das braune Cordhemd wurde mit dem Stoff eines Blumenhemdes in braunen, grünen und weißen Farbtönen aufgepeppt und zusätzlich mit einer Blumenapplikation verziert. Für meinen Beutel habe ich zwei Hemdenärmel (Reste von einem anderen Projekt) verwendet und an der Rückseite zusammengenäht. Mit einem ausreichend großen Stück Hemd können Sie den Beutel aus einem Stück zuschneiden und müssen dann nur die Seitennähte schließen.

MATERIAL

- Ein Hemd aus Cord oder Feincord
- Ein Hemd mit Blumenmuster
- Passendes Nähgarn
- 10 cm doppelseitiges Bügelvlies
- (Kinder-)Kleiderbügel aus Holz

WERKZEUG

- Maßband
- Evtl. kleine Säge
- Schneiderschere
- Bastelmesser oder Cutter
- Stecknadeln
- Nähmaschine
- Bügeleisen und Bügelbrett
- Nähnadel

ANLEITUNG

1 Nehmen Sie entweder einen Kinderkleiderbügel oder – wie ich es hier gemacht habe – einen normalen Kleiderbügel aus Holz, den Sie an den Enden einkürzen. Der hier verwendete Bügel ist 28 cm lang. Die Ärmel vom Cordhemd abschneiden und so zuschneiden, dass sie 4 cm länger sind als der Kleiderbügel.

2 Mit einem Bastelmesser oder Cutter vorsichtig ein Loch mittig entlang der Ärmelnaht schneiden, gerade so groß, dass sich der Haken des Kleiderbügels hindurchstecken lässt. Bügel entfernen. Am Ärmel vom Loch für den Haken aus nach oben und unten je 10 cm abmessen, den Rest abschneiden.

3 Einen 5 cm breiten Streifen aus dem Blumenhemd ausschneiden, rechts auf rechts mit 1 cm Nahtzugabe an die untere vordere Kante des Ärmelzuschnitts stecken, heften und festnähen. Den geblümten Streifen längs in der Mitte falten und die Schnittkante einschlagen. Flach bügeln und feststeppen.

4 Den zweiten Ärmel zuschneiden, genauso breit und genauso lang (32 cm) wie den ersten. Die ungesäumte Kante des ersten Ärmelstücks und die obere Kante des zweiten Stücks rechts auf rechts aufeinanderlegen, stecken, heften und steppen. Wieder einen 5 cm breiten Streifen aus dem Blumenhemd zuschneiden und diese unversäuberte Kante genauso versäubern wie beim ersten Ärmelstück (s. Schritt 3).

5 Das doppelseitige Bügelvlies auf ein Stück Blumenhemd aufbügeln. Ein Blumenmotiv aufmalen und die einzelnen Elemente ausschneiden. Den Klammerbeutel so falten, dass die Kante mit dem Loch für den Bügelhaken nach oben kommt und sich die beiden gesäumten Kanten an der Vorderseite gegenüberliegen.

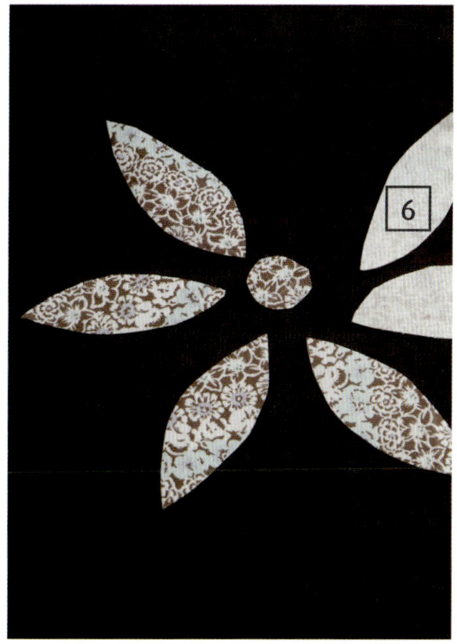

6 Die Elemente des Blumenmotivs auf der Vorderseite des Beutels anordnen, dann aufbügeln. Die Außenkanten jedes Applikationsteils zur Sicherheit noch einmal mit der Nähmaschine festnähen. Den Beutel auf links wenden und die Kanten aufeinanderlegen, stecken, heften, dann die beiden Seitennähte mit der Maschine schließen. Auf rechts wenden und den Bügel einfügen.

7 Die blumengesäumten Kanten von beiden Seiten her je 4 cm von Hand zunähen. So wird vermieden, dass der Beutel zu weit aufgeht, wenn er mit Klammern gefüllt ist und aufgehängt wird.

ORDNUNGSHELFER FÜR DEN GARTEN

Bei der Gartenarbeit passiert es mir ständig, dass ich wieder ins Haus gehen muss, um etwas zu holen, was ich vergessen habe. Nun habe ich die Lösung für dieses leidige Problem gefunden! Ein Utensilo für all den Kleinkram, der für die Gartenpflege nötig ist. Wie lässt sich ein Holzfällerhemd aus kräftigem Stoff besser wiederverwerten? Dieser Ordnungshelfer ist eine Kombination aus Holzfällerhemden und einem fest gewebten Hemd als Hintergrundstoff. Die Taschen wurden von anderen Hemden abgetrennt und hier ganz einfach wieder aufgenäht.

MATERIAL

- Ein großes, fest gewebtes Arbeitshemd (z. B. aus Denim) in einer kräftigen Farbe
- Teile von 4 verschiedenen Holzfällerhemden
- Passendes Nähgarn

WERKZEUG

- Schneiderschere
- Nahttrenner
- Maßband
- Ösenzange und 3 große Metallösen (Verarbeitungshinweise des Herstellers beachten)
- Stecknadeln
- Nähmaschine
- Bügeleisen und Bügelbrett

ANLEITUNG

1 Ein Stoffrechteck aus dem fest gewebten Arbeitshemd ausschneiden, das so groß wie nur möglich sein sollte. Hier kann es sich durchaus lohnen, alle Saumnähte am unteren Hemdrand aufzutrennen, um dadurch noch Stofflänge zu gewinnen. Jetzt vom unteren Rückenteil eines Holzfällerhemdes den unteren gerundeten Teil von der Mitte nach oben messen, abschneiden und beiseitelegen. Hier ist dieses Hemdteil an den Seiten 17 cm hoch, in der Mitte 22 cm, da das Hemd eine übliche Rückenrundung hatte.

1

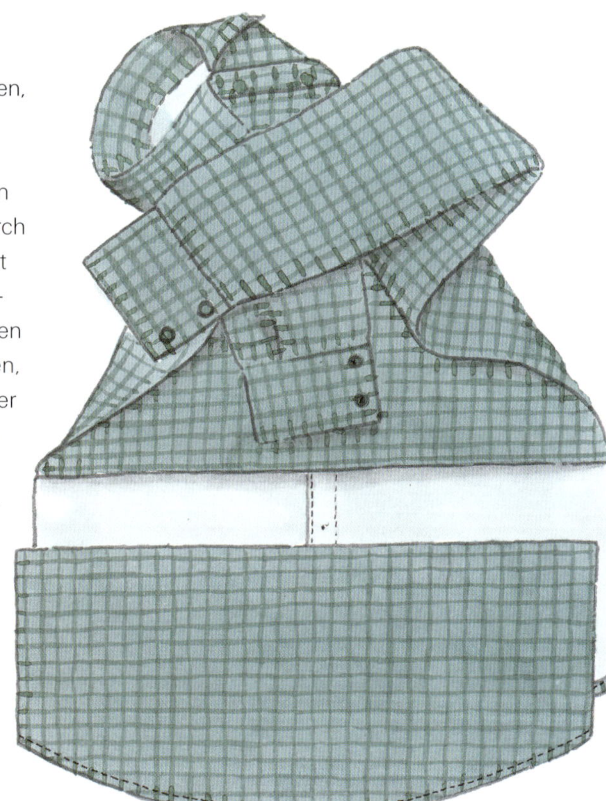

Johnsons
COOK'S
FOXGLOVE

2 Die Taschen von zwei weiteren Holzfällerhemden abtrennen. In eine Tasche mit der Ösenzange eine Öse setzen. Diese Tasche links auf das mit der Rundung nach oben gedrehte Hemdende stecken, heften und nähen.

2

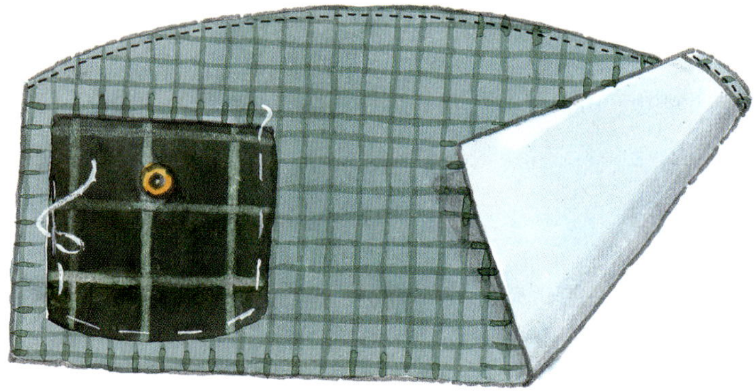

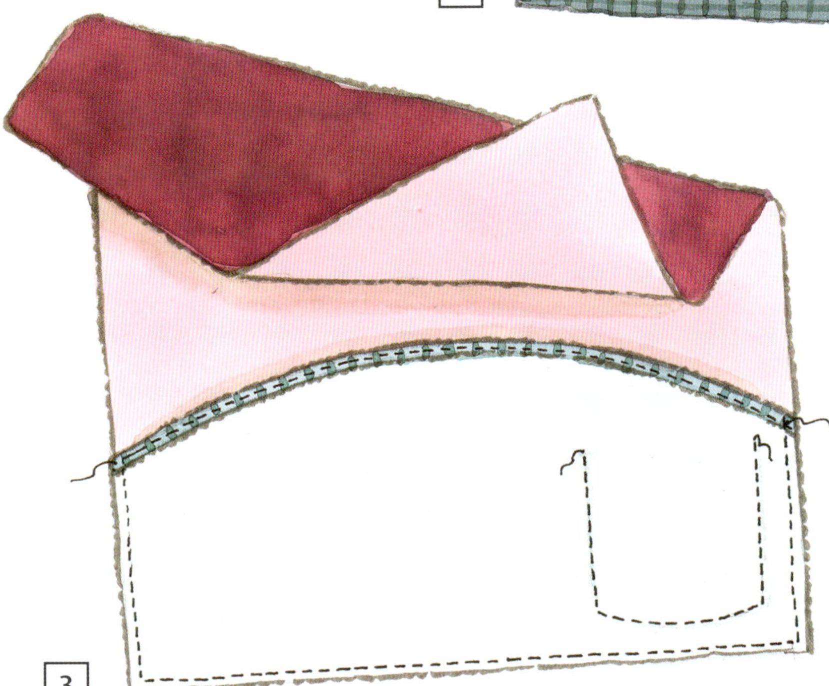

3

Den Rest der Knopflochleiste waagerecht feststecken. Die Schlaufen mit senkrechten Nähten fixieren, dann die Knopflochleiste so dicht wie möglich am oberen und unteren Rand waagerecht festnähen. Vom unteren Rand dieser ersten Knopflochleiste aus 14 cm abmessen und die zweite Knopflochleiste waagerecht auf den Ordnungshelfer legen. Wie bei der ersten Knopflochleiste Schlaufen arbeiten. Eine große Hemdtasche 3 cm vom rechten oberen Rand aus gesehen so feststecken, dass sie beide Knopfleisten teilweise überdeckt. Heften, dann feststeppen.

3 Mit 1 cm Nahtzugabe das Hemdende rechts auf rechts auf den unteren Teil des zugeschnittenen Rechtecks (aus dem Arbeitshemd) stecken, heften und steppen. Auf rechts wenden.

4 Die Knopflochleisten von drei weiteren Holzfällerhemden abtrennen. 12 cm von der oberen Kante des Ordnungshelfers mit dem Aufstecken der ersten Knopflochleiste beginnen. Eine Nadel 7 cm vom Rand feststecken, dann eine 6 cm lange Schlaufe legen und mit einer zweiten Nadel feststecken. Weiter waagerecht 6 cm abmessen, eine zweite Schlaufe von 4 cm stecken.

4

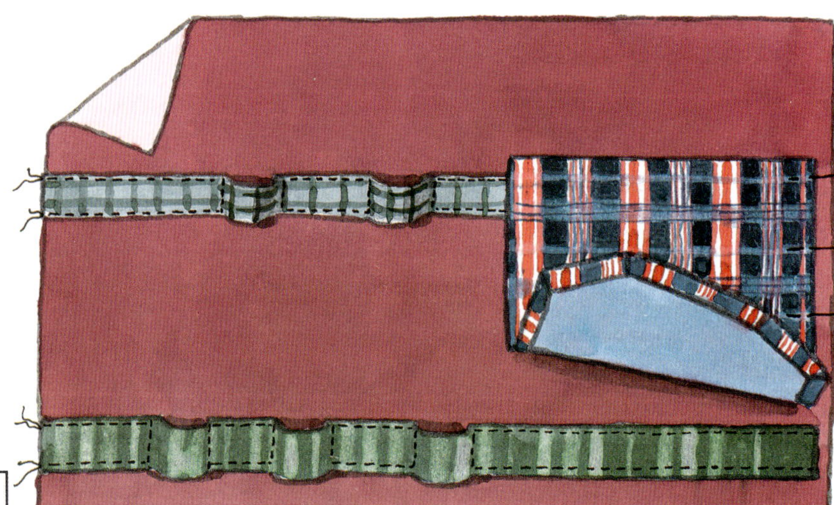

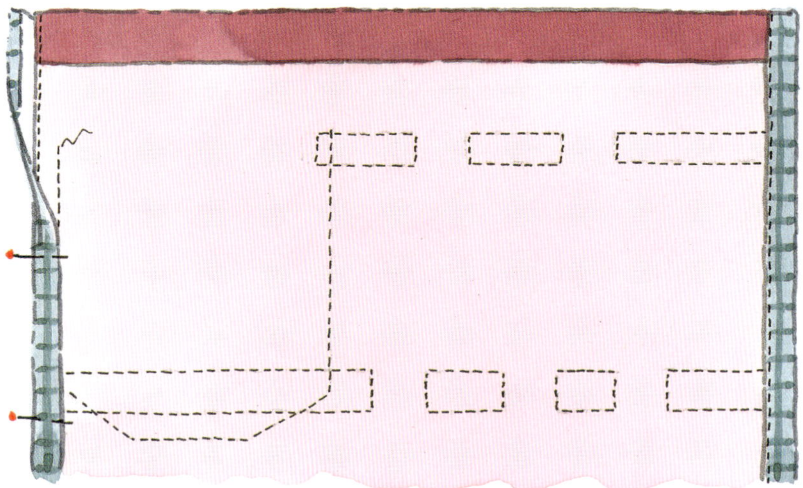

5

5 Den oberen Rand des Ordnungshelfers erst 1 cm, dann weitere 3 cm einschlagen und flach bügeln. Einen Streifen von 5 cm Breite und in der Länge des Ordnungshelfers aus kontrastierendem Hemdenstoff zuschneiden. Rechts auf rechts mit 5 mm Nahtzugabe auf eine lange Seite des Ordnungshelfers stecken, heften und steppen, dabei die ungesäumten Ecken am oberen und unteren Rand mit einschlagen. Den Streifen auf die Rückseite umschlagen, dabei die lange ungesäumte Kante mit einschlagen, heften und festnähen. Flach bügeln, dann auf der anderen langen Seite mit einem zweiten Streifen wiederholen.

6 Im unteren Teil des Ordnungshelfers die aufgenähte Tasche aus dem gerundeten Rückenteil des Hemdes in drei Abschnitte aufteilen und mit zwei senkrechten Nähten abteilen. Die untere Kante ebenfalls jetzt mit der Maschine nähen. In die oberen Ecken des Ordnungshelfers noch jeweils eine Öse zum Aufhängen setzen. Die dritte Knopfleiste in drei gleich große Teile schneiden. Die drei Teile jeweils in der Mitte zu Schlaufen falten. Diese Schlaufen in gleichmäßigen Abständen an der unteren Kante des Ordnungshelfers feststecken. Heften, dann feststeppen.

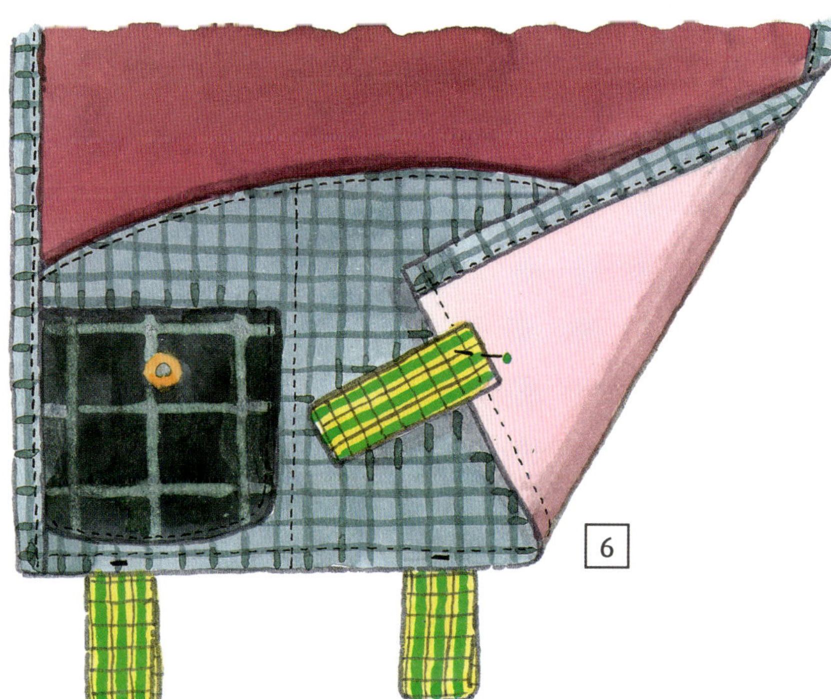

6

TISCHSETS AUS FEINCORD

Ich fand ein tolles schwarz-beigefarbenes Feincordhemd, aus dem ich unbedingt Tischsets machen wollte. Bei der Suche nach einer kontrastierenden Farbe fand ich nur ein ziemlich langweilig aussehendes Hemd in Beige, deshalb habe ich es in der Waschmaschine mit Textilfarbe in einen leuchtend grünen Farbton umgefärbt. Maschinenfeste Textilfarbe gibt es in zahlreichen Farben und Farbtönen.

MATERIAL

- 2 Feincordhemden in kontrastierenden Farben
- Passendes Nähgarn
- Papier für Schablonen
- Bügeleinlage

WERKZEUG

- Maßband
- Bleistift
- Papierschere
- Stecknadeln
- Schneiderschere
- Nähnadel
- Nähmaschine
- Bügeleisen und Bügelbrett

ANLEITUNG

1 Für die Schablone ein Rechteck mit den gewünschten Maßen des Tischsets plus rundherum 2 cm aus Papier ausschneiden. Die Größe der Tischsets wird weitgehend von der Größe der verwendeten Hemden abhängen. Das Rechteck hier ist 42 x 32 cm groß. Die Schablone nacheinander auf beide Stoffe und die Bügeleinlage stecken und ausschneiden.

2 Aus dem verbleibenden Stoff von einem der Hemden 3 cm breite Schrägstreifen schneiden, die ausreichend lang sind, um alle vier Seiten des Sets einzufassen. Ggf. mehrere Streifen an den kurzen Kanten diagonal zusammennähen, um die nötige Gesamtlänge zu erreichen. Den Schrägstreifen beidseitig je 5 mm einschlagen und flach bügeln.

3 Die Bügeleinlage auf die linke Seite des grünen Feincords aufbügeln. Dann die beiden Feincordzuschnitte links auf links mit 5 mm Nahtzugabe stecken, heften, nähen.

4 Jetzt rechts auf rechts eine Seite des Schrägstreifens entlang einer Seite des Sets bis zur ersten Ecke feststecken. Den Schrägstreifen nach oben klappen und eine Falte im 45-Grad-Winkel legen. Den Streifen wieder nach unten klappen, sodass er sich um die Ecke legen lässt und die Falte mittig auf der Ecke liegt. Entlang der nächsten Kante weiternähen und an jeder Ecke eine solche Briefecke arbeiten. Dann heften und mit der Nähmaschine festnähen.

5 Den Schrägstreifen über die unversäuberten Schnittkanten auf die andere Seite des Sets umschlagen. Die gebügelte Kante einlegen und den Schrägstreifen mit Blindstich von Hand entlang der Maschinennaht festnähen.

6 Zum Abschluss die Schrägstreifen an den Ecken auf Vorder- und Rückseite des Sets nochmals mit Blindstich von Hand versäubern. Weitere Sets in gleicher Weise arbeiten.

STAPELBOXEN

Schuhkartons sind eine elegante und kostengünstige Möglichkeit für Stauraum zu sorgen. Man bekommt sie umsonst und in unterschiedlichen Größen. Leider sind sie meist nicht sehr hübsch, deshalb kann man ihnen eine persönliche Note geben, indem man sie mit leuchtendem, kariertem Hemdenstoff bezieht und mit kontrastfarbenem Stoff auskleidet. Um ihnen ein sauberes und luxuriöses Erscheinungsbild zu verleihen, wird der Deckel jedes Kartons mit einem Stück Wattierung unterfüttert. Wenn Sie ein ganz exklusives Modell wünschen, kleiden Sie die Seiten und den Boden mit Filz aus.

1

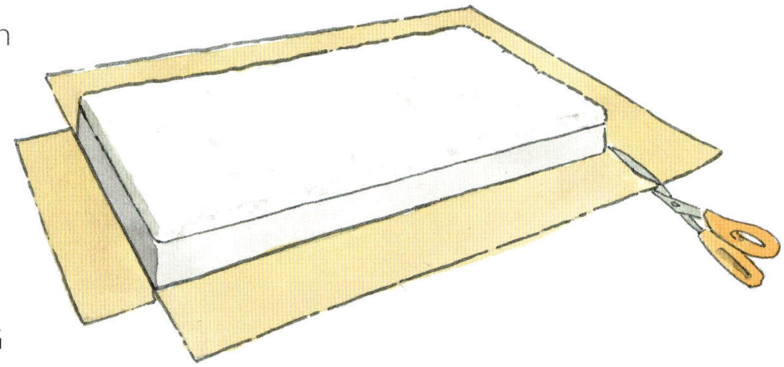

MATERIAL

- Karierte Holzfällerhemden
- Filz zum Unterfüttern des Kartons
- Wattierung (z. B. Volumenvlies)
- Papier für Schablonen
- Stoffkleber
- Ein Schuhkarton

WERKZEUG

- Schneiderschere
- Maßband
- Bleistift
- Papierschere

ANLEITUNG

1 Die Wattierung für den oberen Teil des Deckels zuschneiden und festkleben. Dann den Deckel auf Papier legen und eine Schablone mit doppelter Höhe des Deckels inklusive Wattierung plus 2,5 cm zuschneiden. Die Ecken ausschneiden, dabei 1 cm der Breite stehen lassen, um die kurzen Seiten sauber einschlagen zu können.

2 Mithilfe der Schablone den Stoff für den Deckel zuschneiden. Den Deckel mit der Wattierung nach unten auf die linke Stoffseite legen. Zuerst die langen Seiten einschlagen und auf der Deckelinnenseite festkleben. Dann die kurzen Seiten festkleben, dabei die Schnittkanten einschlagen. In der Ecke einen kleinen Einschnitt machen, damit es sauber gelingt.

2

3 Filz in der Größe der Deckelinnenseite zuschneiden. Festkleben, dabei alle Schnittkanten bedecken. Den unteren Kartonteil ebenso beziehen. Steht kein ausreichend großes Hemd zur Verfügung, die vier Seiten mit unterschiedlichen Stoffen verschönern, immer 2,5 cm Überstand zugeben. Stoff auflegen, die Kanten einschlagen und festkleben. Obere und untere Kanten einschlagen und festkleben.

3

TIPP

Zusätzlich an einer Seite eine Einstecktasche anbringen. Dazu ein längeres Stoffstück zuschneiden, links auf links legen, dabei die Schnittkanten einschlagen, im Karton und darunter festkleben.

DOKUMENTENMAPPE

Es gibt wirklich sehr hübsche Karohemden. Für diese kleine Dokumentenmappe habe ich zwei sehr klein karierte Exemplare genommen. Diese Größe ist ideal zum Mitnehmen von Reiseunterlagen, Schlüsseln u. Ä. In gleicher Weise lassen sich auch größere oder kleinere Taschen herstellen. Wenn Sie eine größere Mappe arbeiten möchten, verwenden Sie ein Hemd mit größerem Muster, mit kräftigerer Unterfütterung und mit einem sicheren Verschluss.

MATERIAL

- 2 Hemden mit kontrastierenden Karomustern
- Nähgarn
- 50 cm Bügeleinlage
- Druckknopf
- Papier für Schablonen

WERKZEUG

- Bleistift
- Stecknadeln
- Papierschere
- Schneiderschere
- Nähmaschine
- Nähnadel

ANLEITUNG

1 Mithilfe der Vorlage auf Seite 139 eine Papierschablone für die Mappenklappe fertigen. Aus beiden Hemden und der Bügeleinlage jeweils eine Klappe ausschneiden. Eine zweite Papierschablone von 32 x 24 cm (hier ist 1 cm Nahtzugabe enthalten) für den Grundkörper der Mappe anfertigen. Jeweils einmal aus jedem Hemd und der Bügeleinlage ausschneiden.

4 Auf der Rückseite der Mappe 1,5 cm von der oberen Kante die Klappe auf die Mappe stecken, heften, feststeppen. Die Klappe auf die Vorderseite überschlagen, auf der linken Seite die Mitte der Klappenspitze markieren und eine Hälfte eines Druckknopfes dort festnähen. Die andere Druckknopfhälfte entsprechend an der Vorderseite der Mappe festnähen.

2 Die Bügeleinlage jeweils auf die linke Seite der Außenstoffteile für Klappe und Mappe aufbügeln. Dann Innen- und Außenstoffteile links auf links zusammenlegen, die Bügeleinlage befindet sich dazwischen. Bei der Klappe die gerundeten Kanten einschlagen, sodass alle Schnittkanten verdeckt sind. Dabei 5 mm Nahtzugabe an den gerundeten Innenkanten verwenden und 1 cm an der geraden Oberkante. Alle Kanten stecken, heften, nähen.

3 Mit den rechten Seiten nach außen die Stoffstücke für die Innen- und Außenmappe mit zwischengelegter Bügeleinlage aufeinanderlegen. Die oberen und unteren Kanten je 1 cm einschlagen, stecken, heften und Innen- und Außenmappe zusammennähen. Die Mappe über die Breite zur Hälfte falten, die Außenseite liegt innen. Die Seitennähte stecken, heften und zusteppen. Mappe dann auf rechts wenden.

MARITIMES KISSEN

Schlichte Applikationen haben einen naiven Charme. So ein Motiv ist schnell und einfach gemacht – und da alle Nähte stets nur einfach und gerade anzusetzen sind, ist dieses Kissen aus einem leicht ausgeblichenen Leinenhemd bestens für Nähanfänger geeignet. Das Bootsmotiv ist sehr einfach gehalten und gut geeignet, um winzige Reste von übrig gebliebenen Hemdstoffen zu verarbeiten. Die Knopfleiste eines Hemdes ergibt einen starken Mast und Hemdknöpfe, die auf den Bootsrumpf aufgenäht werden, zeigen sich als wunderbare Bullaugen.

ANLEITUNG

1 Aus dem Leinenhemd die folgenden Teile ausschneiden: eine Kissenvorderseite von 46 x 46 cm und zwei Rückseitenteile von je 30 x 46 cm. Beiseitelegen. Bügelvlies auf die Rückseite von Hemdenresten und auf die Knopfleiste des Hemdes aufbügeln.

1

MATERIAL

- Ein großes blassblaues Leinenhemd
- Hemdreste in verschiedenen Karo- und Streifenmustern
- Knopfleiste eines Hemdes in Königsblau
- Passendes Nähgarn
- 50 cm doppelseitiges Bügelvlies
- 4 weiße Hemdknöpfe
- Kissen, 36 x 36 cm

WERKZEUG

- Maßband
- Stecknadeln
- Schneiderschere
- Bügeleisen und Bügelbrett
- Bleistift
- Nähnadel
- Nähmaschine

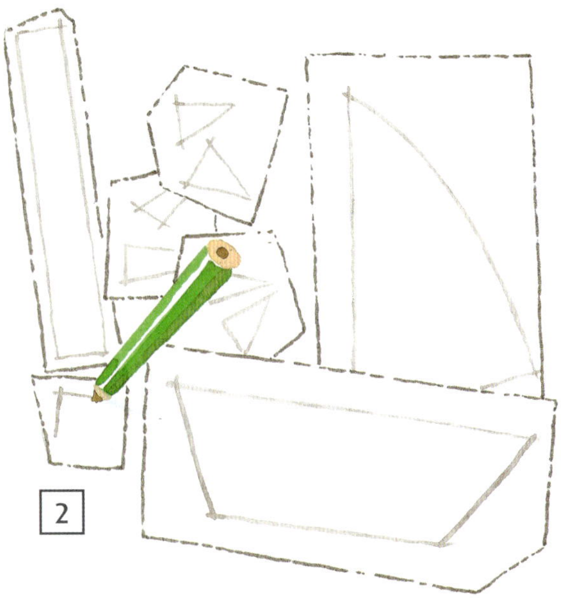

2

2 Auf das Trägerpapier des Bügelvlieses auf der Rückseite der gestreiften Stoffreste die Form eines Bootsrumpfes und ein großes Segel aufzeichnen (spiegelverkehrt arbeiten!). Dann sechs Dreiecke für die Wimpel aus einer Auswahl weiterer Stoffreste, dann ein kleines Quadrat aufzeichnen, um es auf dem Segel anzubringen.

TIPP

Gestalten Sie noch weitere Kissen mit maritimen Motiven: Die Knopfleisten von Hemden können auch ausgezeichnet als Leuchttürme verwendet werden.

4 Mit lockeren Heftstichen die Kanten der Applikationen zusätzlich von Hand umnähen. Das Bügelpapier hält die Motivteile am Platz, das Umnähen hat nur eine dekorative Funktion. Die weißen Hemdknöpfe über die horizontale Mitte verteilt auf den Bootsrumpf nähen.

4

3

3 Die Formen ausschneiden und vorsichtig das Trägerpapier abziehen. Mittig auf der Vorderseite des Kissens feststecken. Wenn Sie mit der Gestaltung zufrieden sind, alle Teile aufbügeln.

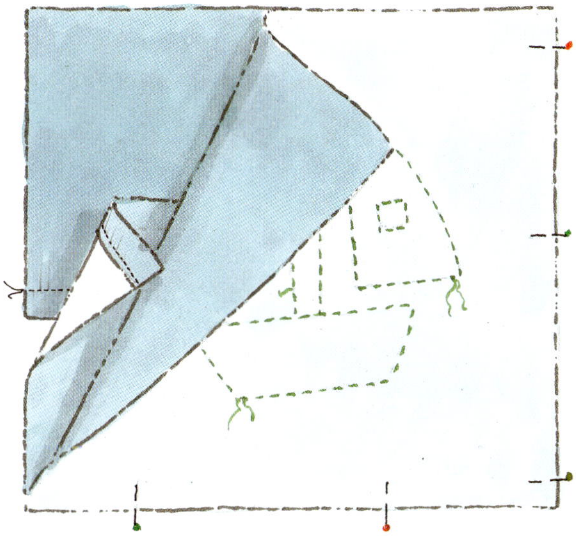

5

5 Eines der beiden Teile für die Rückseite erst 1 cm, dann nochmals 2 cm an einer der 46 cm langen Kanten einschlagen. Flach bügeln, heften und steppen. Mit dem zweiten Teil für die Kissenrückseite wiederholen. Die beiden Teile mit den versäuberten Kanten in der Kissenmitte so überlappend aufeinanderlegen, dass die Rückseite genauso groß ist wie die Vorderseite des Kissens. Vorderseite und beide Rückseitenteile rechts auf rechts legen, dann stecken und heften. Mit 1 cm Nahtzugabe rundum zusammennähen. Auf rechts wenden und flach bügeln.

6

6 Mit der Nähmaschine rundherum 1 cm vom Rand steppen. Nun nach innen gehend rundum weitere Steppnähte arbeiten: eine zweite Steppnaht 1 cm von der ersten Naht, eine dritte 5 cm von der zweiten Naht und eine vierte Naht noch 5 mm von der dritten Steppung. Die vierte Naht stellt die äußere Begrenzung des Kissens dar. Jetzt das Kissen durch die Öffnung in der Rückseite einlegen.

SONNENHUT

Wenn Sie ein fest gewebtes Sommerhemd zur Verfügung haben, machen Sie einen Sonnenhut daraus! Der hier gezeigte ist ein Wendehut: Ich habe für die Innenseite gestreiften Stoff verwendet und ein abstraktes Blumendesign für die Außenseite. Ich musste die Hutkrempe aus zwei Teilen des Hemdes schneidern, damit der Stoff reicht. Wenn Sie ein ausreichend großes Hemd haben, können Sie kreisrunde Teile verwenden und die zusätzliche Naht vermeiden.

MATERIAL

- 2 gemusterte Hemden
- 50 cm Bügeleinlage
- Passendes Nähgarn
- Papier für Schablonen

WERKZEUG

- Bleistift
- Stecknadeln
- Papierschere
- Schneiderschere
- Nähmaschine
- Nähnadel

ANLEITUNG

1 Mithilfe der Vorlagen auf Seite 138–139 jeweils viermal die Segmente für den Hutkopf in jeder Farbkombination zuschneiden. Die Hutkrempe in jeder Farbkombination zweimal zuschneiden und außerdem auch die Bügeleinlage zweimal mit der Vorlage für die Hutkrempe zuschneiden.

2

2 Die Segmente des Hutes rechts auf rechts legen, stecken, heften und mit der Maschine zusammennahen, sodass ein Hutkopf entsteht. In beiden Farbkombinationen einen solchen Hutkopf fertigen.

3 Die zugeschnittene Bügeleinlage auf die Hutkrempenteile aus dem ersten Stoff aufbügeln. Jeweils rechts auf rechts die beiden vorderen und hinteren Schnittkanten der Krempe zusammennähen, sodass ein Kreis entsteht. Mit den beiden Krempenteilen aus dem zweiten Stoff ebenso verfahren. Den Hutkopf rechts auf rechts auf den Kreis aus dem entsprechenden Stoff feststecken, heften und mit der Maschine nähen. Ebenso mit Kopfsegment und Krempe aus dem zweiten Stoff verfahren.

4 Den Innenhut in den Außenhut stecken, den Saum der Außenkrempe 1 cm einschlagen. Stecken, heften und mit der Maschine nähen, dabei die Wellenform der Krempen von Außen- und Innenhut aneinander anpassen. Jetzt noch den Außenhut mit dem Innenhut durch eine Steppnaht 5 mm von der Krempeninnenkante verbinden.

4

POLOHEMDEN

Die meisten Hemden, mit denen in den vorangegangenen Kapiteln gearbeitet wurde, sind aus Webstoff.

Polo- oder Sporthemden sind in der Regel gewirkte Maschenware, wodurch die Kleidung ihre Dehnfähigkeit bekommt. Ein Polohemd muss leicht genug sein, um den Sportler nicht mit unnötigem Gewicht zu belasten, den Körper locker umspielen und darf die Bewegungsfreiheit nicht einschränken. Außerdem muss das Material in der Lage sein, Schweiß von der Haut abzuleiten.

Ein Polohemd ist ein T-förmiges Hemd mit kurzen Ärmeln, Kragen und üblicherweise einer Knopfleiste mit zwei oder drei Knöpfen und eventuell mit einer Brusttasche. Die ersten Polospieler trugen allerdings vollkommen andere Kleidung: langärmelige Hemden aus Oxford-Baumwolle. Es war der Tennisspieler René Lacoste, siebenmaliger Grand-Slam-Gewinner, der das typische Tennishemd, wie wir es heute kennen, entworfen hat. 1927 führte er das aufgestickte Krokodil-Emblem für die linke Brusttaste seiner Hemden ein. Tennishemd, Polohemd und Golfhemd haben im Prinzip den gleichen Grundschnitt. Die Unterschiede sind sehr subtil: Die Knopfleiste eines Golfhemdes hat drei oder vier Knöpfe, wodurch das Hemd insgesamt kürzer wirkt als ein typisches Polohemd. Dieses kultige Kleidungsstück begann sein Dasein als Sportbekleidung, wird heute aber längst auch bei außersportlichen Aktivitäten getragen. Das hat wohl viel damit zu tun, dass selbst der Designer Ralph Lauren es als eine Art ungezwungene Universalrobe verwendet.

Abgesehen vom traditionellen Tennisweiß werden die meisten Sporttrikots heute in leuchtenden Farben hergestellt, mit Streifen, verschiedenen Motiven und den Klubabzeichen. Diese interessanten Elemente wurden in das Design für das Kopfende des Bettes (s. S. 132–135) integriert. Die Elastizität von Polohemden habe ich mir bei dem Wärme-Schweinchen (siehe Seiten 128-131) zunutze gemacht. Bei dem Behälter mit Kordelzug (s. S. 124–127) kommt der Kontrast zwischen dunkel- und hellgrauen Streifen auf einem langärmeligen Sporthemd wunderbar zur Geltung.

BEHÄLTER MIT KORDELZUG

Im Prinzip wird dieser Behälter genauso genäht wie der Brotkorb auf Seite 86–89, es wird nur mit größeren Abmessungen gearbeitet und es werden Kordeln als Tragegriffe angebracht. Der Behälter ist vielfältig einsetzbar, z. B. als Wäschecontainer. Hier wurde ein breit gestreiftes Polohemd für die Außenseite verwendet und ein rotes Hemd als Futter. Das Behältnis wurde mit Bügeleinlage versteift, damit es Konturen bekommt und die Seiten nicht einknicken.

ANLEITUNG

1 Mit dem Zirkel einen Kreis mit 30 cm Durchmesser auf das Schablonenpapier zeichnen. Oder mit einem Tellerumriss die von Ihnen gewählte Größe aufzeichnen. Den Kreis ausschneiden und in Viertel falten. Den Kreisumfang messen. Der einfachste Weg dazu ist, eines der Viertel abzumessen und mit 4 zu multiplizieren. 2 cm Nahtzugabe hinzufügen. Diese Zahl gibt die Breite des Hemdenstoffes, den Sie für die Seiten des Zylinders benötigen. Damit eine Schablone zuschneiden und auf das Hemd stecken, um sicherzugehen, dass ausreichend Stoff vorhanden ist. Wenn Ihr Hemd keine ausreichend große Stoffbahn bietet, nähen Sie für die Seiten des Zylinders zwei oder mehr einzelne Stücke zusammennähen, dabei die Nahtzugabe nicht vergessen! Stoff zuschneiden.

1

MATERIAL

- Ein langärmeliges, breit gestreiftes Polohemd
- Ein einfarbiges Hemd
- Papier für Schablonen
- Passendes Nähgarn
- 2 m Bügeleinlage
- Ösenzange und Metallösen mit 14 mm Durchmesser (Verarbeitungshinweise des Herstellers beachten)
- 1 m Tau oder Kordel, 1 cm Durchmesser

WERKZEUG

- Zirkel oder Teller, um einen Kreis zu zeichnen
- Bleistift
- Maßband
- Papierschere
- Schneiderschere
- Nähmaschine
- Bügeleisen und Bügelbrett

2 Mithilfe derselben Schablone ein Stück Bügeleinlage zuschneiden und auf die linke Stoffseite des gestreiften Polohemdes aufbügeln. Die Kreis-Schablone ebenfalls auf ein Stück des gestreiften Polohemdes stecken und rundum ausschneiden. Ebenso mit einem Stück Bügeleinlage verfahren und dieses auf die linke Seite des Stoffkreises aufbügeln. Die beiden kürzeren Seiten des Rechtecks rechts auf rechts stecken, heften und steppen, damit ein Zylinder entsteht. Nähte flach bügeln. Rechts auf rechts den Kreis für den Boden an den Zylinder stecken, dabei die Nadeln in regelmäßigen Abständen und im rechten Winkel zur Kante stecken. Heften, steppen, dabei den Stoff vorsichtig um die runde Kante führen. Die Nahtzugabe in regelmäßigen Abständen v-förmig einschneiden. Flach bügeln.

2

TIPP

Wenn Sie den Boden festnähen, können Sie diese Naht durch eine parallele, zusätzliche Steppung plus Zickzacknaht über die Kanten verstärken.

4 Mit der Ösenzange in Abständen von 5 cm rund um die Oberkante des Behälters Ösen setzen. Zum Schluss das Tau bzw. die Kordel durch die Ösen ziehen.

3

3 Die Schritte 1 und 2 mit dem Stoff des roten Hemdes wiederholen. Den roten Behälter links auf links in den gestreiften stecken. Die unversäuberten Schnittkanten beider Behälter 2 cm einschlagen, dann den Innenbehälter am Außenbehälter feststecken, heften und mit einer gemeinsamen Steppnaht entlang der oberen Kante zusammennähen.

4

WÄRME-SCHWEINCHEN

Fertigen Sie dieses kleine Schwein aus dem Stoff eines Polohemdes aus Baumwollstretch, damit es schön knautschig ist. Füllen Sie es mit einer Mischung aus Weizen und Lavendel, legen Sie es in die Mikrowelle zum Erwärmen – und dann einfach kuscheln! Das wärmende Schwein ist genial bei Rücken- oder Nackenschmerzen. Hier wurde ein weißes Polohemd mit rosafarbenen Streifen verarbeitet.

MATERIAL

- Ein Polohemd aus Stretchstoff
- Passendes Nähgarn
- 2 Beutel Weizenkörner (aus dem Reformhaus oder Naturkostladen)
- Eine kleine Tüte getrockneten Lavendel (nach Wunsch)
- Papier für Schablonen
- Eine schwarze Perle für das Auge

WERKZEUG

- Bleistift
- Papierschere
- Stecknadeln
- Schneiderschere
- Nähmaschine
- Bügeleisen und Bügelbrett
- Nähnadel

1

ANLEITUNG

1 Mit der Vorlage auf Seite 140/141 eine Papierschablone anfertigen. Die Schablone auf zwei Lagen Ihres Hemdenstoffs feststecken und daraus zwei Stoffstücke zuschneiden: eine Vorder- und eine Rückseite.

TIPP

Zum Gebrauch das Schwein 2 Minuten bei 500 W oder 1 Minute bei 750 W in die Mikrowelle legen. Wenn Sie das Schwein waschen möchten, die Naht öffnen und die Füllung entfernen. Die Hülle entsprechend der Waschanleitung für den Stretchstoff waschen. Weizen wieder einfüllen, zunähen.

2 Für den Schwanz einen Streifen Hemdenstoff von 23 x 4,5 cm zuschneiden. Über die Länge in der Mitte falten und die Falte bügeln. Die Außenkanten zur Mitte einfalten, sodass alle unversäuberten Schnittkanten verdeckt sind. Wieder flach bügeln. Stecken, heften und mit der Maschine über die Lange zusammennähen.

3 Vorder- und Rückseite rechts auf rechts legen, dazwischen den Schwanz, stecken, heften und bis auf eine kleine Öffnung an der Unterseite steppen. Durch die Öffnung auf rechts wenden, flach bügeln. Vorsichtig mit Weizen und Lavendel füllen (am besten mit einem Trichter). Die Öffnung von Hand mit unauffälligen Stichen schließen. Das Ohr zum Körper klappen und mit ein paar kleinen Stichen von Hand am Körper festnähen. Den Schwanz etwas eindrehen und ebenfalls mit kleinen Stichen am Körper befestigen. Zuletzt die Perle als Auge aufnähen.

FAN-TRÄUME

Ich wollte das alte Kopfteil eines Bettes verschönern und habe dafür Stoff, Motive und Nummern von Polohemden und Sporttrikots verwendet. Das ist ein witziges Projekt für sportverrückte Kinder und Sie können es sehr individuell für Ihr Kind gestalten, wenn Sie z. B. ein zu klein gewordenes Trikot des Lieblingsfußballvereins mit einarbeiten.

MATERIAL

- Alte Polohemden und Sporttrikots in verschiedenen Farben
- Passendes Nähgarn
- Ein altes, stoffbezogenes Polsterkopfteil eines Bettes
- Doppelseitiges Bügelvlies

WERKZEUG

- Krampen- oder Kneifzange
- Schneiderschere
- Stecknadeln
- Nähmaschine
- Bügeleisen und Bügelbrett
- Schneiderkreide
- Nähnadel
- Tacker und Tackernadeln

ANLEITUNG

1 Mithilfe einer Krampen- oder Kneifzange vorsichtig den alten Bezug vom Kopfteil entfernen. Den abgezogenen Stoff aufbewahren, um ihn als Schablone für den Neuzuschnitt zu verwenden. Die Hemden in große rechteckige Stücke schneiden, dabei darauf achten, alle interessanten Motive, wie Vereinslogos, Streifen und Nummern, getrennt ausschneiden. Die Rechtecke dekorativ anordnen.

1

2

2 Die Teile jeweils rechts auf rechts aneinanderstecken, heften und mit der Maschine nähen, dabei jeweils 1 cm Nahtzugabe hinzufügen. Nähte flach bügeln. Das Patchwork mit der linken Seite nach oben legen, dann den alten Bezug oben darauflegen, ebenfalls mit der linken Seite nach oben. Mit Schneiderkreide die Umrisse auf den neuen Stoff übertragen, dann die Form ausschneiden.

3 Die Logos, Nummern und Motive, die Sie aus den Hemden herausgeschnitten haben, auf eine Seite des doppelseitig klebenden Bügelvlieses aufbügeln und zurechtschneiden. Die Teile dann auf dem Patchwork aus Rechtecken anordnen. Wenn Ihnen Ihr Design gefällt, das Trägerpapier von der Rückseite abziehen und die Motive auf das Hemdenpatchwork aufbügeln. Für besseren Halt die Kanten aller applizierten Motive zusätzlich mit der Maschine umnähen.

3

4 Jetzt den neuen Patchworkbezug auf dem Kopfteil des Bettes feststecken. Den Stoff stramm ziehen und die Ecken und Kanten sauber umlegen. Dann, mittig an der Oberkante auf der Rückseite des Kopfteils beginnend, den Bezug am Kopfteil festtackern, von dort zu einer Seite nach außen hin weiterarbeiten. Wieder von der Mitte aus zur anderen Seite wiederholen. Ebenso an der unteren Kante arbeiten, ebenfalls von der Mitte ausgehen. Zuletzt die beiden kurzen Seiten in gleicher Weise festtackern.

4

VORLAGEN

Die Vorlagen durchpausen oder fotokopieren. Wenn nicht anders angegeben, in der Originalgröße verwenden. Zum Vergrößern von Vorlagen ein Fotokopiergerät nutzen. Für die Schablonen kräftiges Papier verwenden, z. B. Packpapier. Das Papier immer mit einer Papierschere schneiden, die Schneiderschere nur für Stoff benutzen, sonst wird sie schnell stumpf.

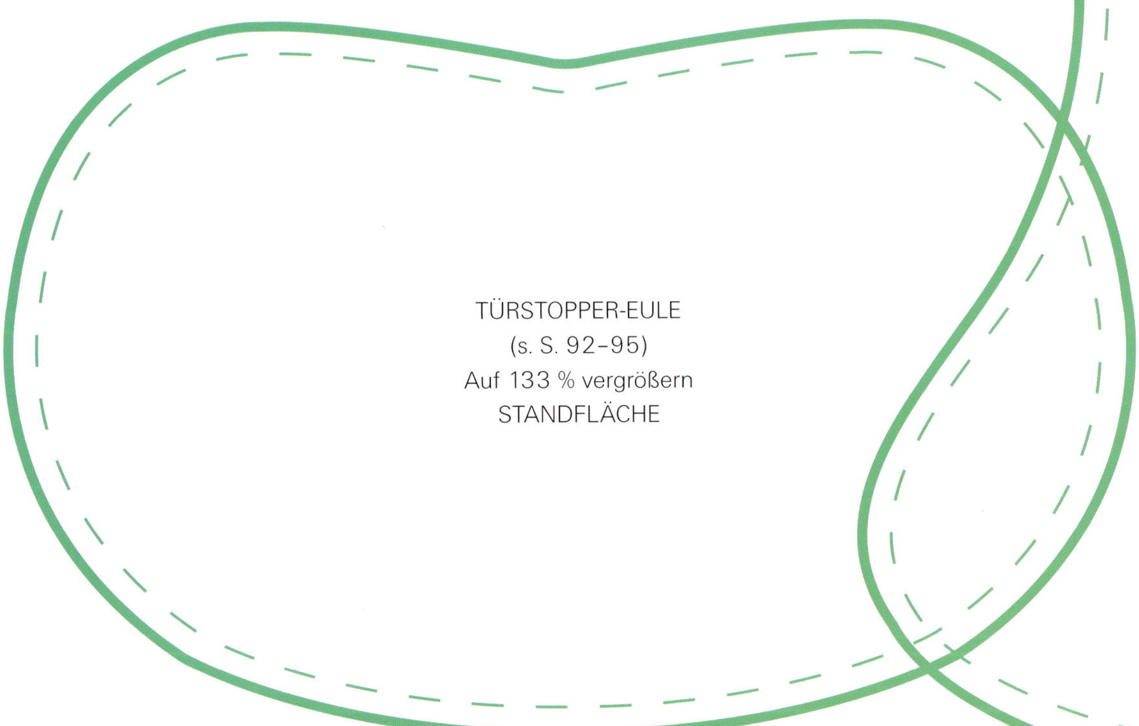

TÜRSTOPPER-EULE
(s. S. 92–95)
Auf 133 % vergrößern
KÖRPER

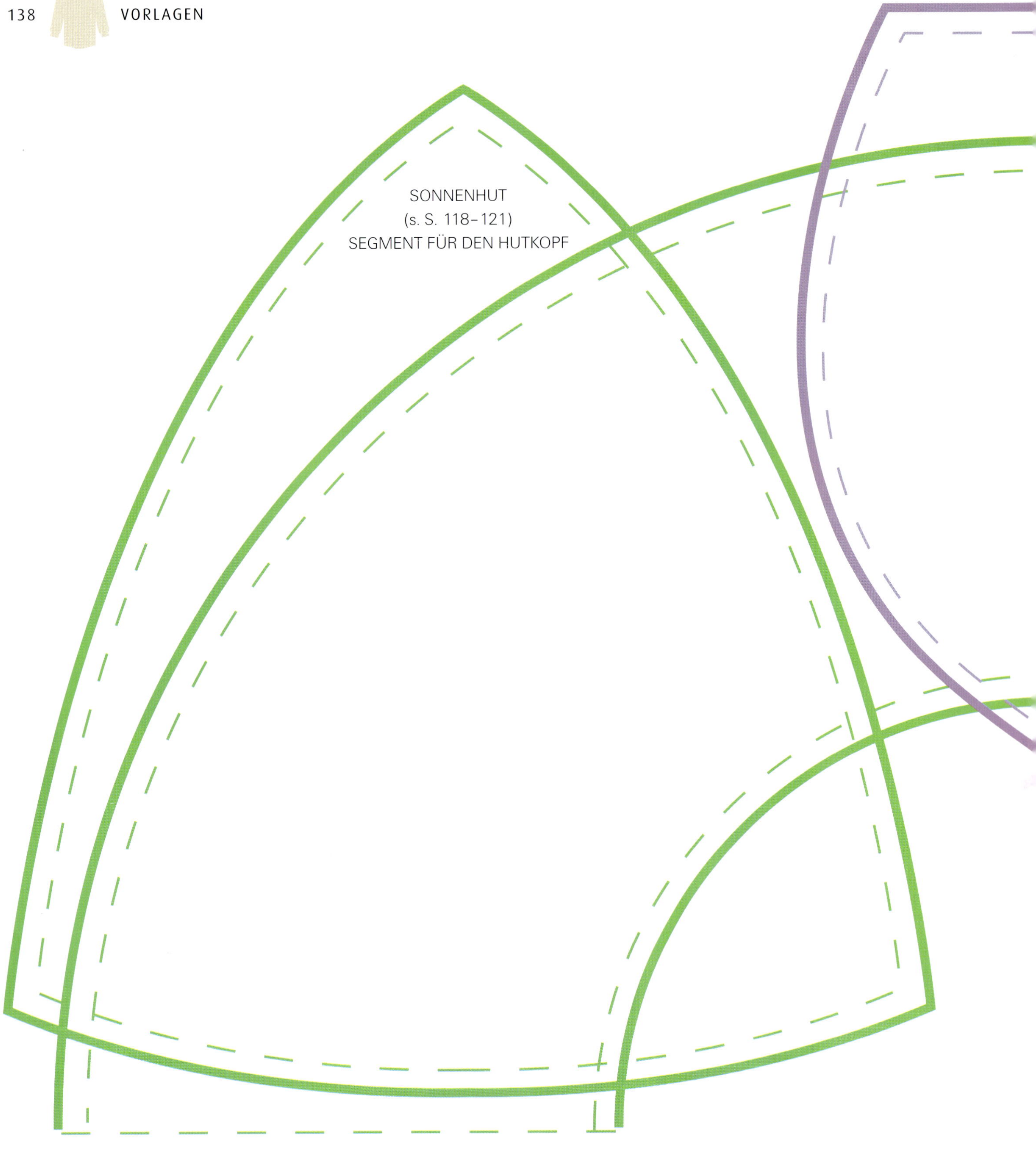
SONNENHUT
(s. S. 118–121)
SEGMENT FÜR DEN HUTKOPF

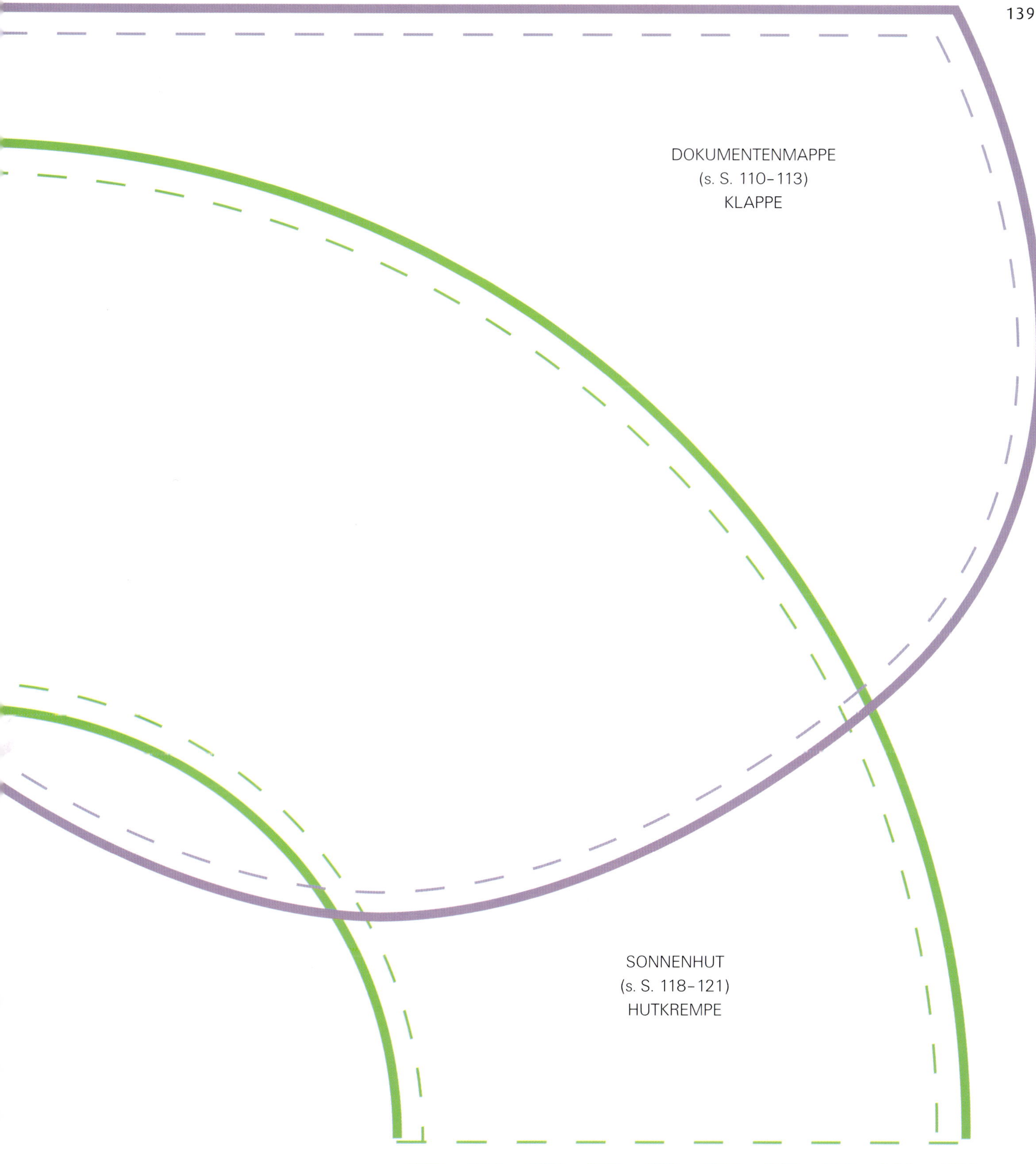
DOKUMENTENMAPPE
(s. S. 110–113)
KLAPPE
SONNENHUT
(s. S. 118–121)
HUTKREMPE

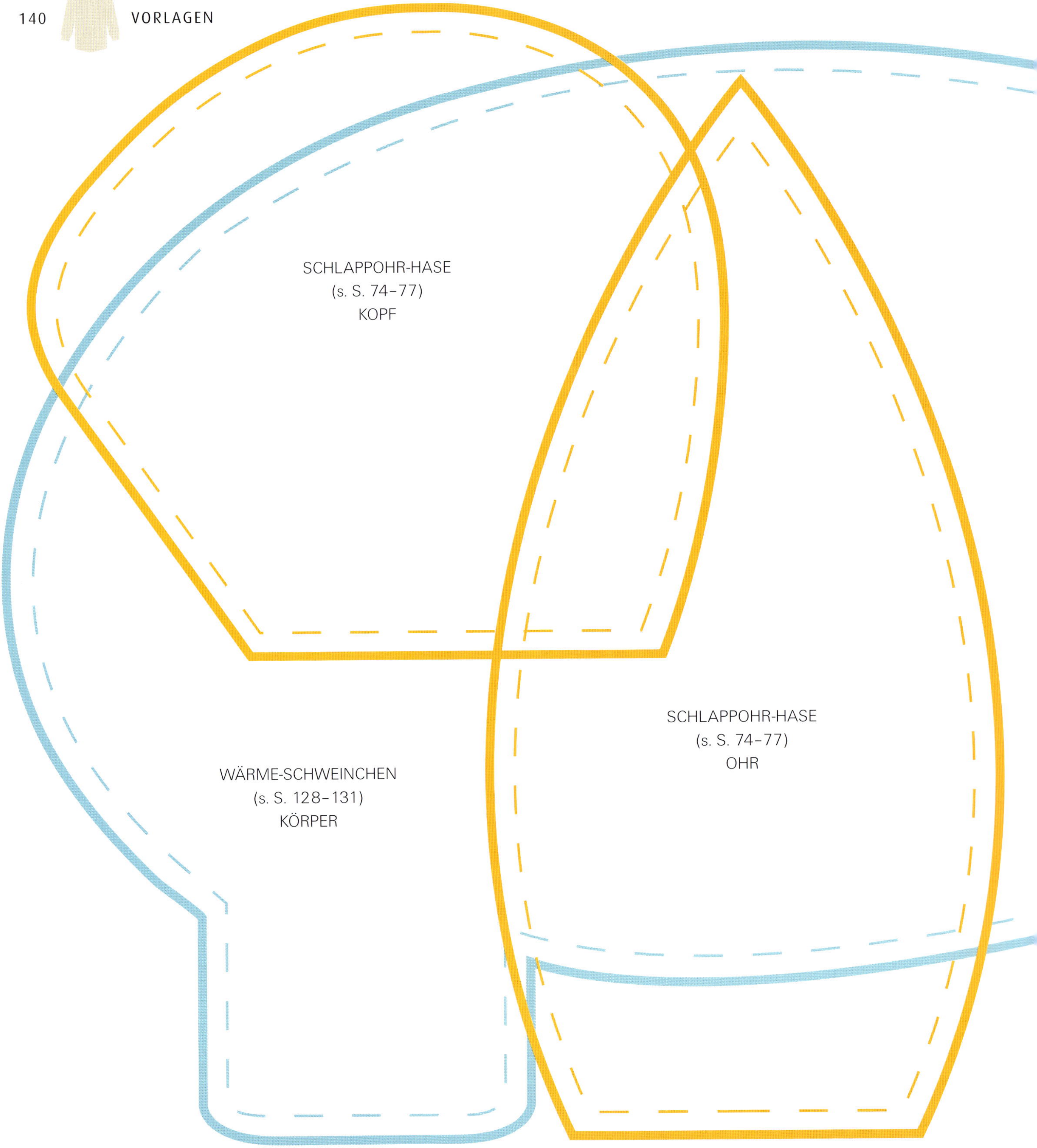
SCHLAPPOHR-HASE
(s. S. 74–77)
KOPF
SCHLAPPOHR-HASE
(s. S. 74–77)
OHR
WÄRME-SCHWEINCHEN
(s. S. 128–131)
KÖRPER

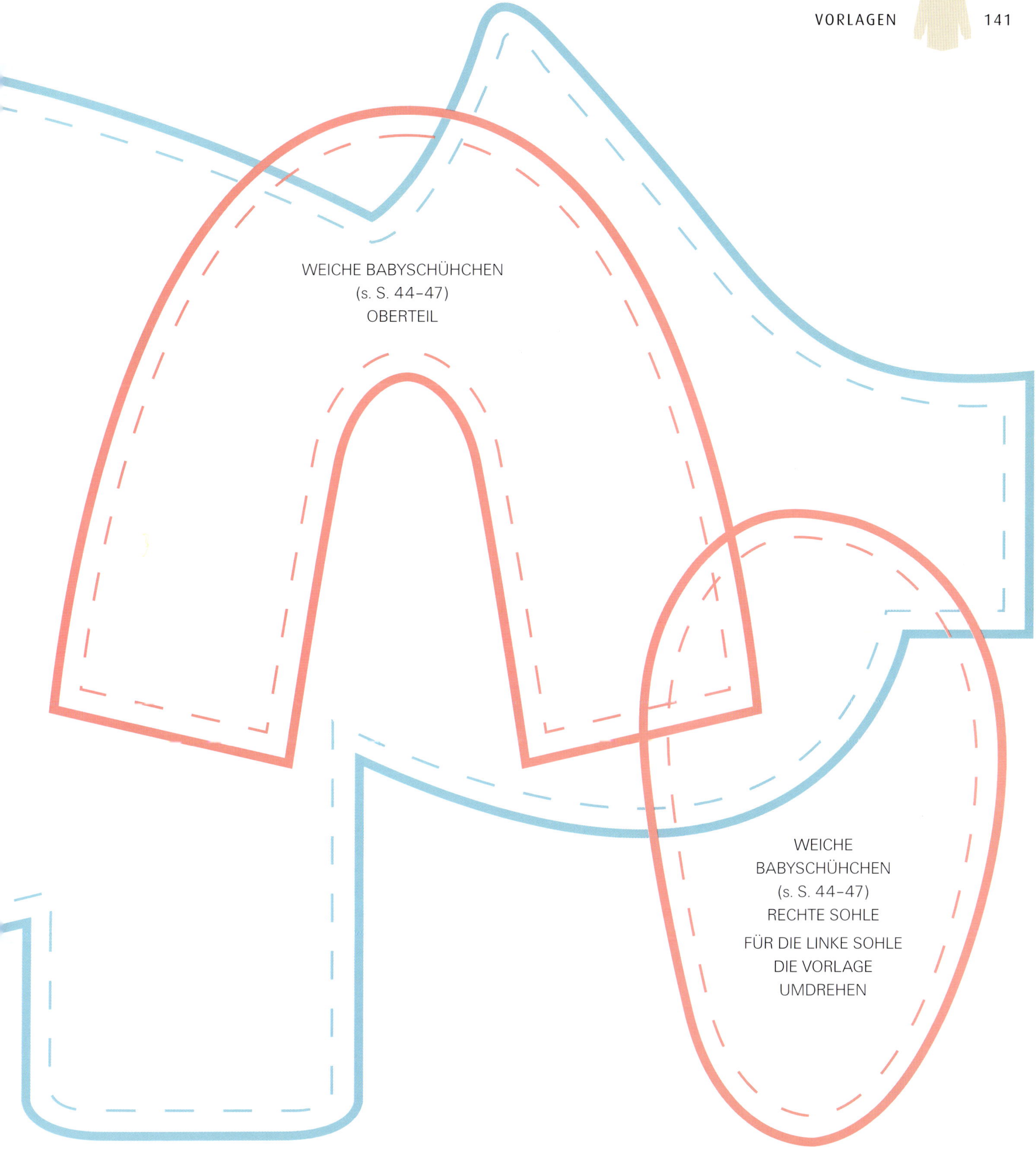
WEICHE BABYSCHÜHCHEN
(s. S. 44–47)
OBERTEIL
WEICHE
BABYSCHÜHCHEN
(s. S. 44–47)
RECHTE SOHLE
FÜR DIE LINKE SOHLE
DIE VORLAGE
UMDREHEN

BEZUGSQUELLEN

WO BEKOMMT MAN HEMDEN?

Wenn Sie sich entschließen, Projekte aus diesem Buch nachzuarbeiten, brauchen Sie Hemden. Ich bin fast versucht zu sagen: Betteln, borgen, klauen – aber das sollten Sie doch lieber lassen. Es ist auch nicht besonders nett gegenüber dem Lebenspartner, einfach seine Hemden zu zerschneiden, ohne vorher sein Einverständnis einzuholen.

FREUNDE

Fragen Sie Ihre Freunde, Kollegen und die Freunde Ihrer Freunde und bitten Sie sie, an Sie zu denken, wenn das nächste Mal alte oder ungeliebte Hemden ausgemustert werden. Es spielt keine Rolle, ob die Manschetten ausgefranst sind oder das Hemd unter den Achseln Flecken hat, denn all diese Teile können Sie ja abschneiden und dem Rest des Hemdes ein weitaus schöneres Schicksal als den Altkleidersack bescheren.

SECONDHANDLÄDEN

Besuchen Sie Secondhandläden oder Kleiderkammern von Wohlfahrtsverbänden und fragen Sie dort nach alten Oberhemden. Viel müssen Sie sicher nicht bezahlen und Sie tun gleichzeitig noch ein gutes Werk.

KREATIVITÄT ENTWICKELN

Ich wollte unbedingt etwas aus einem Feincordhemd herstellen, aber die meisten, die mir zur Verfügung standen, hatten trostlose Farben, also habe ich es in ein leuchtendes Grün umgefärbt. Kleidung in der Waschmaschine zu färben ist so einfach und das Resultat ist oft umwerfend!

HERSTELLERVERZEICHNIS

Außer Hemden benötigen Sie natürlich auch noch Füllmaterialien, Vliesstoffe, diverse Kurzwaren und allerlei Nähzubehör:

Stoffe/Vliese/Füllmaterialien

Stoffe Brünink & Hemmers GmbH, Nordhorn,
www.stoffehemmers.de

Kurt Frowein GmbH & Co. KG, Wuppertal,
www.kurtfrowein.de

Westfalenstoffe AG, Münster,
www.westfalenstoffe.de

Freudenberg KG Vertrieb Vlieseline,
www.vlieseline.de

Knöpfe

Dill Buttons, Bärnau,
www.dillbuttons.com

Union Knopf GmbH, Bielefeld,
www.unionknopf.com

Zubehör

Buttinette TextilVersandhaus GmbH, Wertingen,
www.buttinette.com

Rayher Hobby GmbH, Laupheim,
www.rayherhobby.de

Prym-Consumer GmbH, Stolberg,
www.prym-consumer.com

Gütermann AG + Gütermann Sulky, Gutach/Breisgau,
www.guetermann.com

DANK

Den folgenden Menschen meinen herzlichen Dank für ihre Hilfe, Ermutigung und Unterstützung bei der Entstehung dieses Buches:

Der Herausgeberin
Zunächst und vor allem Jacqui Small dafür, dass sie die Idee mit mir durchgezogen hat.
Trotz Vulkanasche über Island und nicht vorhandener ausländischer Interessenten auf den Buchmessen in London und Frankfurt hielt sie unbeirrt daran fest.

Den Hemdbeschaffern
Shiva Pius vom All-Aboard-Wohlfahrtsladen in Streatham.
Linda Hudgins vom Wohlfahrtsladen, der in Putney die Krebsforschung unterstützt.
Dr. Cosmo Hallstrom für ein absolut fantastisches Holzfällerhemd.
Trinity Hospice und Fara, Wohlfahrtsläden der Krebsforschung in Balham. Age UK in Clapham.

Den Models
Barney Eliot und Matt Skidmore, die für die Schürzen Modell standen und tapfer das An- und Ausziehen von Prototypen ertrugen, während ich am Design feilte.
Jay Howarth und Rosa Roberts, die mit der fertigen Schürze für das Buch Modell standen.

Den Schneidern
Ein großes Dankeschön an Aniko Szabo für das Nähen der Babyschühchen, des Wärme-Schweinchens, der Klappstuhlbezüge, des Patchworkstuhlbezugs, der Wimpel, des Kaffeewärmers, des Sonnenhuts, des Kordelzugbehälters.
Callie Anderson für die Gestaltung des prächtigen Schlappohr-Hasen.
Barney Eliot für das Beziehen der Schuhkartons.

Den Lieferanten
Vielen Dank an Dylon für die Wäschefarbe, mit der ich aus einem unansehnlichen Cordhemd einen tollen Stoff in Farngrün zaubern konnte.
Nick Bevan vom Versand Homecrafts Direct für die Versorgung mit Arbeitsmaterial.

Den Buchgestalter
Caroline Arber für die umwerfenden Sommerfotos, die sie an einem tristen Januartag gezaubert hat.
Maggie Town für die Leitung der Fotoaufnahmen und für die ständige Ermutigung.
Sian Parkhouse für die Redaktion, Kate Simunek für ihre zauberhaften Illustrationen, Kerenza Swift und Jo Copestick für das stets offene Ohr, wenn es mal brannte.

Meiner Familie
Meinem verblüffend geduldigen Ehemann, der ohne Murren hingenommen hat, mit mir vorübergehend seinen sturm- und wettkampferprobten Segelkumpan zu verlieren und meinen Kindern, die mich kaum noch gesehen haben.